好年華
Good
Time

作者〇一沾史

沾史

HUMAN
OBSERVATION

人類觀察

HUMAN OBSERVATION

目錄 CONTENTS

HUMAN OBSERVATION

為何我喜歡觀察人類

某日同人講起世界末日，我認為其實當你生命走到盡頭時，嗰日已經係你個人嘅末日，所以比起世界末日，不如喺你個人末日前更善用時間，完成更多夢想似乎更實際。所以我都問自己，我人生有無咩夢想想完成。我諗到其中一樣係出書，我好想將自己一啲見解同觀察紀錄低，同大家分享。

因為我係一個好鍾意分享嘅人，如果你同我相處過，你會發覺我好多嘢講。而就算你無實際同我相處過，但可能有喺網上睇過我寫文，都不難發覺我係一個好愛分享嘅人。感謝出版社好年華，感謝編輯Ada，令呢本書得以誕生，圓到一個夢。亦感謝父母同一直支持我嘅好友、讀者同客戶，因為大家支持同肯定，令我一路寫作。

大學時期，比起乖乖上堂，我更常到酒吧觀察人類。仲記得當年求學時期，兼職收入微薄，但我都係一星期幾晚到酒吧。其他同學仔狂歡盡興，而我就拎住一杯酒淺嘗到底。我鍾意清醒地旁觀，偶爾同身邊客人傾吓偈，所有人喺我眼中都十分有趣，就算大同小異嘅人生故事，包括工作順唔順利呀，愛情間悲歡離合，我每次都好用心聆聽。呢個大概係我人類觀察嘅開始。

有朋友講過，同我傾偈成日好似受訪咁，我好鍾意問長問短。朋友笑我點解咁好奇，咁鍾意打探人哋嘅事。我諗咗陣，答佢：「因為世界上每一個人嘅經歷都係獨一無二嘅體驗，小至你同同事點相處，大至一啲你人生重要經歷。我只可以體驗到自己嘅人生，所以他人之事喺我眼中好有趣，我無可能經歷你嘅人生，但都想知你嘅人生大小事。」

HUMAN
OBSERVATION

　　我鍾意觀察人類，係因為人世間大小事都十分有趣。每一個發生喺唔同人之間嘅經歷，都係似曾相識但又獨一無二。「人類觀察」大概係我多年觀察歷程同心得嘅小總結。人類好複雜，我哋時而慈悲時而自私，偶爾對人溫柔但又有狂怒一面，我哋係矛盾嘅混合體，但有時又會散發人性嘅光芒。我哋有優點亦有缺點，但每個人亦有進步嘅空間。

　　每次講起觀察呢個話題，我都好鍾意引用法國文豪福樓拜教人點觀察，佢曾經講過：「如果你成日觀察一棵樹，由覺得棵樹平平無奇咪又係樹一棵，直至你覺得佢係獨一無二，你就叫做觀察到棵樹。」同理，當你觀察一個人，你由覺得佢咪又係人一個，直至你發現佢獨一無二之處時，你就叫觀察到佢。就算成長環境相若，喜好相若，但每個人經歷總有其獨一無二之處。

　　寫呢篇序時，諗起最近有個人生感悟：由於呢兩年識咗唔少新朋友，發現原來呢個世界真係有好多叻人。佢哋嘅叻可能係屬於某種專長，而呢類專長可能平時唔顯眼，但當你細心了解之後，你就會發覺其閃亮之處。平時我哋打機有能力值表，但現實就無一張能力值表反映晒你全部技能。所以好多時當你細心觀察其他人時，你可能會有好多意外收穫。但現實係好多時我哋同他人只係萍水相逢，未有機會細心觀察到而又要道別。以致錯失咗互相學習嘅機會，所以我好想代替大家發掘多啲呢類隱藏寶藏。

　　我係一個好鍾意觀察他人嘅人，亦都承蒙大家鍾意同我分享自己嘅事，令我得以見識到人生百態。而呢本書，就係同大家嘗試喺人生百態中搵到一啲模式出嚟，再加以分析。當大家對他人同自己嘅一啲行為同模式更為了解時，就可以有更佳應對。正因為每個人嘅人生都係獨一無二，我哋好多時都理解唔到其他人諗乜，同其背後行為有咩意義，所以我先想將我嘅觀察筆記同大家分享。唔敢話要教大家做咩，但起碼可作為參考，提供多幾個角度畀大家去思考。

　　希望大家讀畢此書時，會有所得著。

從前共你 促膝把酒傾通宵都不夠

HUMAN
OBSERVATION

CHAPTER 01

HUMAN OBSERVATION

人脈貴精不貴多，重質不重量

> 「無友不如己者呢句話好有用，但千萬唔好誤會係叫你做菠蘿雞痴啲叻人有錢人，而係搵到可以互相學習嘅朋友。」

有讀者問我，現代社會講求人脈，視朋友多寡為資產之一，到底點樣去交朋友先係最有效？

用「有無效」嚟做交友目的，本身已經係太功利，而呢種功利係無助交友，相反十分趕客。但如果你真誠地認識啲志趣相投，但又可以互相學習嘅朋友又唔同講法。

所謂圍爐取暖 圍邊個爐都係睇你選擇

「物以類聚，人以群分」，無論三歲定八十，我哋都好易受朋輩壓力影響。呢種影響可以係正面嘅，例如共同嘅目標、興趣或價值觀，也可以係負面嘅，例如壓力、不良習慣或消極情緒。

　　就好似讀書嗰陣，有人會為DSE試努力，日讀夜讀，食完飯又讀，深夜又讀。如果你同朋友們有相同目標，想考好個試，或多或少會一齊溫書；相反若你對考試冇咩興趣，幾百隻牛都拉唔到你溫書。

　　生態圈就係咁，有著相同觀念嘅人會自自然然地慢慢圍埋一齊，加上有共同目標：「考好個試」，呢種革命式努力同奮鬥可以加強人與人之間嘅連結，並創造出真正嘅友誼。但呢種朝住目標共同進發，非常純粹同埋無利益衝突嘅事情只會喺校園發生，亦都所以點解有人會覺得出到嚟社會之後，咁難去認識真心朋友。

　　進入社會後，認識真心朋友確實變得更加困難。社會中嘅人際關係更加複雜，人們嘅目標、價值觀同生活方式多樣。但係，只要我哋保持開放和真誠，仍然有機會遇到嗰啲同我哋志同道合嘅人，並建立深刻嘅友誼。

　　當你嘅同溫層係努力上進，你通常都會受影響而努力讀書努力工作，因為你想同朋友們睇齊，你唔想被拋離；又或者你會選擇

疏遠呢班朋友，因為長期見到佢哋咁努力你會好大壓力，當然人生都無話一定要努力上進，人人追求唔同。但多數情況下，當你嘅社交圈子都彌漫著同一種人生態度，作為一份子嘅你都會向同一方向進發。

朋友應互相尊重，彼此感到珍貴

若然本身以「如何有效交友」作前題去搵朋友，只會搵到一班同樣為有效交友以識朋友嘅人，你哋之間唔會產生咩負負得正嘅結果。因為大家只係抱住相同目的，但彼此亦非對方目標。而當你抱住明顯目的去認識人時，大多數人都會感覺到，你心目中想識嘅叻人同勁人會因此而怕咗你。本身都可以做普通朋友，但因為你太進取反而避之則吉。

有長輩以前成日教晦我哋唔好攀關係，佢解釋攀呢個動詞我覺得好生動，你要努力爬上去高處，但而家唔係攀石，你攀完唔會因此獲得健碩身體。聽到係高攀人，就自然有種利用同佔便宜嘅感覺。你可能因此獲得蠅頭小利，但最後都難獲真心朋友，難得真誠交往。君子之交未必要淡如水，但起碼唔好太功利呀。

對方都係人，人係有feeling，你當人哋傻的嗎？會唔知你嘅目的？

識朋友幾時都應該識啲可以互相學習嘅人，彼此都有對方可學習嘅長處時，自然對雙方都有正面影響，而唔係單佔一方便宜。朋友之間應該要對等相處，你能帶畀對方同樣有價值嘅東西時，對方自然更願意同自己再作進一步交流。聽落好似好功利咁，其實不然，因為無人識得晒所有事。當你有時未能經歷到某啲生活，就自己要靠其他有相關經歷嘅人去分享經驗。而你同時亦可以分享返經驗畀對方。

如果硬要說要量化價值，未必係你所擁有嘅知識、金錢、背後人脈，更可能係你能帶畀對方嘅情緒價值或是回饋。

與其話要點樣R多啲Friend，不如好好裝備同充實自己，從外表、興趣、談吐方面著手。幻想一下，一名外表乾淨整潔嘅人，傾偈會分享自己閒暇時興趣，喺適當時機時會閉上嘴，讓對方有發言機會。進退得宜，友愛和善，主動傾聽，先唔好講人哋，

問心個句，自己都鍾意同呢種人相處。

有質量的人脈比數量更重要

當凝聚到一班志同道合，各有擅長又互相欣賞嘅朋友，呢啲就係你嘅人脈，你嘅資產。因為你深信呢班人係欣賞你嘅能力，當你有需要時會伸出援手。就正如當佢哋有咩需要時你都會支持佢哋。

呢個互助關係，正正係可以補足大家所缺乏嘅事，呢啲不足好多時其實都唔係一啲物質資源，唔一定係有咩實際利益作幫助，反而呢類互助更多時係面對困難時大家交流嘅寶貴意見同經驗分享。正所謂一人計短二人計長，有問題可借助他人智慧借鑑去多方面思考。

人脈貴精不貴多，重質不重量，最緊要大家都係真心，以誠待人，對方係會感受到。

友情係雙向，單靠一方面付出頂唔到幾耐

「單方面嘅友情付出只係一廂情願，就算你幾努力維持，都頂唔到幾耐，只要你停止付出，段友情就會終斷。」

讀者S問：「唔知點解有啲朋友永遠都係我主動約食飯，得閒噓寒問暖先會聯絡到佢。調返轉對方基本上唔會搵我，雖然當我哋見面時都開心都正常交流，但如果嗰排我一忙嘅話，同對方就會無晒聯絡。」

呢個世界最無奈嘅事，就係你當某人係好朋友，但對方只係覺得算係普通朋友。當然你搵佢時，佢都好樂意地配合你，反正大家都得閒。但當你唔搵佢時，佢就唔會搵你。

你哋之間嘅所謂親密，只係假性親密，完全靠你一個人付出去

維繫。對方未必係有心地當你可有可無，或者係利用你嘅好意。而係單純地喺佢眼中，大家真係唔算好friend，雙方都無錯，只係親疏之上唔算係好親密。

人哋係你嘅唯一，但你，只係佢嘅其一。

人際關係中嘅不對等確實會帶來無奈同失落。每個人對友誼嘅定義和期望都唔同，有時呢種差異會導致誤解同感情上的距離。真正的友誼應該是建立在相互理解和尊重的基礎上，而唔係單方面的付出。

如果你覺得喺呢段關係中得唔到應有嘅回應，也許可以嘗試與對方坦誠溝通你嘅感受，或者重新評估呢段關係對你嘅意義。

幻象嘅親密關係 重新定義友誼嘅意義

的確有啲人天生係比較少主動搵人，但亦有可能係，你當佢係唯一好朋友，而佢只當你係其中一位朋友，雙方認知存在好大落差。

　　你以為關係嘅錯覺只存在於暗戀？其實不然，發生喺朋友之間係仲多。例如有日你見到一班你都認識嘅朋友食飯，唔知點解無叫你。你心中暗忖係咪叫漏咗你咋？但其實更大可能係，你覺得你屬於呢個朋友圈子，但對方其實無當你係屬於呢個圈子，無叫你唔係一時唔記得，而係根本無諗過要叫你。呢種落差，係因為大家對彼此關係深淺理解不同。

　　呢種經常出現嘅誤差，唔係人人都可以理解甚或釋懷。所以S唔明，點解大家明明平時相處友好，佢咁欣賞亦願意為對方付出，但對方都係不為所動。我同S講，每個人感受本就唔同，你好欣賞佢係你個人感受，唔代表對方一定要同樣欣賞你。

　　你可以好欣賞一個人，甚至可以將佢嘅說話當成金科玉律，但唔代表呢種感覺係對等。你因為欣賞一個人而對佢好，呢個係出於你自願。有時唔止追偶像，喺朋友間都會有一兩個特別出色嘅人，你想跟佢學習當視佢為榜樣，所以你就對

佢好好。而你對人好，好多時都未必係對方要求，所以你都無權要人哋作出同等回報。

友情本身就無一本簿去記錄，甲方為乙方做咗幾多嘢，而乙方又提供過幾多次回報。就算你好好心機咁開個excel去紀錄，呢條數都注定係計唔掂。你有權介懷，但就無得要求對方跟住你個excel 紀錄去認帳，更何況對人好與否，本身人人條線都唔同。

如果對方知道受你好意要有回報的話，佢一開始可能直頭唔會接受。S好傷心咁問我：即係呢個世界係唔公平，我對佢好時，期望佢都對我好唔係應該㗎咩？我安慰S：對方未必係唔領情，佢可能都好感激你，佢都當你係朋友。但正如我上文提及，對人好與否嘅準則，本身就人人不同。我知有時係好難接受，但減少喺呢啲事上執著，對自己心境都會開朗啲。

以我前文所舉例子解釋，當有日你見到一班你認識嘅朋友舉辦活動，你覺得自己理所當然應該係參與者，但點知對方無叫你。

你會介意係正常，但你要明白人哋唔叫你未必係有心對你唔好，或專登令你難受。只係你哋關係未夠深，你唔需要覺得自己係咪有咩未夠好，因為人夾人緣，好多關係嘅發展都係大家感覺行先，未必有太多理性因素。

只係未去到需要成日都搵大家嘅好朋友，佢未必唔關心你，只係佢認為無需要時刻都關心你或成日都要見面，畢竟人人感受都唔同，無得強加自己要求喺對方身上。

S問完我之後，少咗主動去搵呢位朋友，而佢發現當佢少咗搵呢位朋友，轉而多咗搵其他朋友時，其他朋友嘅互動係比較多，唔再係佢單方面。A君同你唔太夾，但可能B君就好欣賞你。A君嫌你平時行動太多顧慮唔夠爽快，但可能B君就好欣賞你心思細密行動謹慎。朋友間夾同唔夾，都好講彼此性格同價值觀，好多時無乜對錯可言，又或者就如時下好多人成日講，個vibe夾唔夾。

友情同愛情一樣，都係好睇對象，同無得勉強。

尋找可以共鳴嘅人際關係

喺人際關係當中，尋求平衡係一個持續嘅過程。有時，我哋可能會覺得自己付出咗好多，但未必得到相應嘅回應。重要嘅係認識到，每個人表達關心同友情嘅方式都唔同，而且每個人嘅生活節奏同需要都有所不同。

互動嘅頻率同友情嘅深度並唔係成正比嘅。有啲朋友可能唔係經常聯絡，但當你需要佢哋嗰陣，佢哋會係你身邊。同樣地，有啲朋友可能經常聯絡，但唔一定能夠提供深層次嘅支持。

任何事情靠單方面付出都難以支撐，特別係友情，因為就算你未必好計較邊個付出多啲，但當只係由你完全付出100%，你點都會介意，會劫會氣餒。當有一排到你好忙，你完全唔得閒搵對方，而對方又完全無問候你半句。到你忙完，打開通訊軟件，發現你哋之間嘅訊息已經因為太耐無交談而沉底，相信你嘅心情同時都會沉底，原來只要你消失一排，段關係都會隨之消失。

就算你再唔計較都好，都會難過。

當然有啲人係天生好唔鍾意主動搵朋友，就算佢心底幾鍾意你當你係知己，佢就係唔會做主動。呢啲就係你哋作為朋友相處得耐，就自然識分對方係屬於邊種。

見過幾次就話係朋友

如果你見佢對其他朋友都係有來有往會互相關心，唯獨對你就係得你主動，咁自然可能係大家喺對方心目中地位存有落差。呢樣嘢大家都無做錯，只係要接受唔係所有朋友都一定會成為知己。英文有個字叫acquaintance，大家只係相識，唔係朋友。

真正嘅友情係建基於相互理解同尊重，而唔係單純嘅交換條件。如果你覺得自己嘅付出未能得到應有嘅回報，或者你覺得自己嘅努力未能得到認可，咁就可能係時候同朋

友坦白交流你嘅感受，睇下能唔能夠一齊搵到更加平衡嘅互動方式。

我哋平時講嘢，好多時會直接將某位認識嘅人統稱為朋友，就算僅幾面之緣都叫做朋友，但實際上大家只稱得上相識。因為叫得太慣太自然，令我哋好易搞錯同對方之間嘅距離感。

唔係所有識嘅人都係你朋友，亦唔係所有朋友都係好朋友，認清呢啲關係之別，就會更易調整自己對對方嘅期望。真摯嘅友情唔應該係一種負擔，而應該係一種相互嘅支持同成長。有時候，放手一段唔平衡嘅關係，反而可以俾你更多空間去發展新嘅、更加健康嘅人際關係。

IG有綠色圈圈，FB有分朋友 同點頭之交，現實中亦一樣

「英文有個字好好用，叫Acquaintance，大家只係相識唔算係朋友。我哋好易用friend同朋友去概括不同人際關係，但實際上有啲人我哋只算相識，分清呢啲關係，有助我哋保持返不同社交距離。」

讀者K同我呻：「某君略有名氣，有次人哋問我識唔識某君，我同佢有幾面之緣，自然答某君係friend。但最後傳出嚟係人哋覺得我攀龍附鳳，明明我都無咁嘅意思。」

讀者K好無奈，friend咋嘛，又唔係生死之交。我哋好多時只要識嗰個人，就會形容係我個friend。friend唔洗一定好熟架嘛，又無話要即場答十條關於對方問題，答中對佢所知甚詳先可以做朋友。K唔明點解佢只係無詳細解釋大家關係，對方就要覺得佢係痴埋去想佔便宜。K覺得自己蒙冤不白，但又唔知點解釋好，佢只係選擇疏遠就算。

我聽完讀者K同我講都大表同情，我明佢的確唔係見人有名氣就想痴人金糠，即係所謂嘅菠蘿雞。

搞清楚先，係「朋友」定係「相識」？

我哋慣咗將見過幾次，又有兩句嘅人就歸類為friend。朋友交情有深有淺，但問題係當對方如果對朋友一詞同你理解唔同，動輒都以朋友稱呼，就好易惹起誤會。所以我哋係有必要搞清楚唔同關係嘅稱呼。

每個人對於人際關係嘅界定都有自己嘅標準。未去到交情好深，真係親如手足，我都唔會輕易稱咪對方做兄弟同姊妹。雖然我係獨生子，但都仲未缺手足到要周圍認人做兄弟。而好朋友又比朋友有更深一層嘅情誼。而有啲人就真係單純係相識，有幾面之緣，唔係朋友，就自然唔會稱呼係朋友。

喺不同嘅文化同社交環境下，人哋對於「朋友」呢個詞嘅理解可能會有差異。

喺與人建立關係嘅時候，同自己進行行心理建設，設定「朋友圈」界限同期望係非常重要嘅。有時我錯以為自己同對方係朋友，但原來對方未當我係朋友，就好易係相處時發生尷尬。咁樣做係避免自己痴心錯付，唔單止可以保護自己，亦可以促進更健康嘅人際關係發展。

人際關係嘅微妙界限

呢個世界上，有時最難處理，就係呢啲人際間嘅距離感，又有朋友A試過，有次畀人問佢同R係咪好朋友，佢如實答人：佢同R稱唔上係好朋友呀。最後傳出嚟嘅版本係，A同人講佢無當R係朋友，甚至傳到A唔妥R。

咁A覺得，大家見過幾次的確唔係朋友啊。喺A眼中，朋友唔一定話要知道對方星座或平時鍾意去茶餐廳會叫咩食，但最起碼都要有過啲深入少少嘅對話，或共同經歷過某一啲事。只係咁啱同場睇過套戲，一班人食過一兩次飯，又未到可以稱為朋友嘅關係。但只係一句：我哋唔係朋友，經過不同人口中傳嚟傳去，呢句說話就會開始變質，語氣又最初平淡講事實，去到別人口中成為講是非咁。

事情輾轉傳到去R耳中，對方好嬲，佢唔明點解大家平時有兩句，會突然交惡。好彩R係一個直接嘅人，佢搵A當面問清楚發生咩事，而A都同R講：我同你真係稱唔上係好朋友，如果我亂咁同人講我同你係老友咁咪仲奇怪，但唔係好朋友唔代表我哋有不和。只係我想講清楚，我同你未去到好深交。

　　呢個世界上，真係唔係非友即敵，唔係朋友又唔係敵人嘅關係，先係大部份人際關係間最常出現嘅形態。大家見面有兩句講吓，但平時私下則完全唔會聯絡。相信大家都有好多呢類點頭之交，大家咪就係非友非敵，點頭之交囉。只係一般人都未必會太詳細解釋關係，好少用到點頭之交咁準繩地形容彼此關係。

　　R聽完之後大表認同，佢同A一樣，對「好朋友／好姐妹／好兄弟」定義都係揸得好緊。關係深淺不一，好友同兄弟姐妹關係又有不同。前者係好好嘅朋友，而後者則係親如家人，層次不一。個人感覺，當我哋稱呼人做bro同sis，可能流於好友嘅程度。但當你用中文去講呢個係我兄弟／姊妹，就真係視對方係無血緣嘅親人。呢方面同黃子華講

嘅用英文講更真心有啲唔同，兄弟呀姐妹呀，好似用中文講個語氣更為真心。

　　因為呢個誤會，反而令到A同R有更多交流，及後兩人發現大家價值觀好相近，佢哋最後真係成為咗好朋友。當下次再有人問A同R嘅關係時，佢今次終於可以理直氣壯答人，佢哋係好朋友。

唔係朋友 但唔一定係敵人

　　筆者有個朋友喺人際關係上應付自如，成日都向佢學習，有一句說話佢幾常講，當其他人問係佢同某某嘅關係時，佢答：「我個人當佢係朋友，但我唔知人哋係咪同樣都咁睇，不過我哋關係應該算係好友善。」

　　佢又會話：「大家可能係點頭之交，不過我個人就好欣賞佢，如果有機會我當然希望可以同佢再深交。不過就算停留喺而家關係我都無所謂，反正我欣賞佢係我個人感受，佢唔需要回應。做唔做到朋友就睇緣份啦。最緊要唔做敵人咪得。」

佢呢個答案可能會令人覺得佢耍太極，答咗等於無答，就係覺得充滿智慧。因為佢嘅講法聽落得體，唔強求關係更進一步又表露出欣賞之情。就算有日流入對方耳中，對方都唔會覺得佢有敵意，亦無表面想強求做好朋友，又帶有幾分欣賞。他人聽落又會覺得佢係一個認真看待人際關係嘅人，有禮得嚟又有風度。

　　而佢先表明佢當人係朋友，但佢都強調唔知對方係咪咁睇，進可攻退可守，萬一對方真係覺得未算係朋友，都唔會太尷尬。而佢最後強調大家關係係友善，即係就算對方唔當佢係朋友都唔緊要，大家仲係好友善。

　　好多時喺我哋人生中，時間有限，緣份有限。你同一個人就算有緣份，要深入認識就需要時間發展，但時間太少，你自然要選擇。喺選擇過程不免有取捨，係可惜不過呢個就係現實。不過做唔成朋友都好，咪將對大家嘅良好表面印象永存心中，唔需要驚動對方，就讓大家見面點頭，友善相視一笑嘅良好關係，永久保存。

因為呢個世界唔一定要非敵即友，大家可以維持一個唔係朋友但友善嘅關係。同時，大家都唔需要太執著於朋友呢個關係，除非你人生目標係要儲夠五百個朋友，否則其實你人生中好多相遇其實都只係過客，大家只係一場相識，唔需要太執著。你可以試吓回想，好多人就算唔係你朋友，但你見對方生日都會送上一句生日快樂，見對方結婚都會由心祝福佢幸福快樂。呢個係人同人之間嘅善意。如果喺你社交媒體上有互相follow嘅幾百人當中，有七成以上都係呢種關係，我覺得已經算好好啦。大家都希望大家好，見有時都會心中暗自祝福大家早日渡過難關，咁就已經好足夠。係咪可以稱呼為朋友未必係咁重要。

朋友係需要花時間嚟深交，大家投緣先交到朋友，除非你人生真係好多時間去維繫感情，否則的話唔係朋友咪唔係朋友，唔需要介懷，最緊要唔係敵人姐。

為何舊知己在最後變不到老友

「朋友嘅盡頭未必係知己、未必係仇人，可能只係曾經最熟悉彼此嘅陌生人。」

　　有次舊同學聚會見到曾經要好但後來疏遠嘅舊友。鼓起勇氣問：點解我哋做唔到老友？對方先係有啲錯愕，呢個問題佢都可能問過自己好多次。點解當年畢業禮上你哋無合照？點解第一次工作賺到嗰份糧，大家無用嚟請對方旅行？點解喺彼此婚禮中，合照上無出現過雙方蹤影。點解大家由唔知幾時開始就由日日相見嘅好友，變成兩條永不相交嘅平行線？

　　對方深思一陣，究竟係幾時開始出錯。良久後，對方回憶起某年某日，你嘅一次冷淡回應，佢嘅一次失約，大家從此就越行越遠。佢口中硬擠出一個最簡單嘅答案。

　　對方：嗰陣以為你嫌我煩，我問你放學去唔去食下午茶，

你選擇咗同Ｃ君去打波；我有日想同你談心，你又覺得同其他人去唱Ｋ更為重要。我覺得我喺你心目中可有可無，咁我都要面㗎嘛，我都費事再死纏難打咁，咪疏遠你囉。

　　我：我一直想同你解釋返，其實我當時無嫌棄你。只係覺得有時唔想一班朋友一齊玩，但你就覺得我剩係想離群獨處咁，你一直好想將我拉去人群處，而我又好似想推開你咁。最後令到大家互相迴避，心生不忿，彼此隔膜已起，到我有日想冰釋前嫌好似已經錯過好時機。

　　對方：唔緊要證明我哋無緣。

一場青春嘅心結

　　我同呢位舊友阿嘉（化名）曾經真係好好朋友，我哋日日讀書時一齊食晏，放學又會一齊打機。就連對開始對異性有興趣都係差唔多時間，好記得我同阿嘉都愛上咗另一對好朋友，嗰兩個女仔同我同阿嘉一樣都係形影不離，我哋就向對方提出不如一齊去唱Ｋ。我唔知呢個世代年輕人仲鍾唔鍾意去Ｋ房，

但喺我青春年代，去K房唱K再加食個 K buffet 係一種享受，亦係最好消磨時間嘅活動。喺嗰一排，我哋就真係每日放學都去唱K，當時電台一有新歌出，我哋過兩日就一定識唱晒，背課文肯定無背歌詞咁叻，嗰段時間我哋都將青春揮霍於普普通通難登大雅嘅歌聲，同笑聲中。

對方可能當時都係太得閒，所以我哋四人就開始成日放學一齊唱K食飯行街之類，到最後我同我心儀嘅女仔無一齊到，但就成為咗好朋友。而阿嘉同佢心儀女仔就順利走埋一齊，成為咗情侶，阿嘉做咗人男朋友之後，依然好鍾意同我哋四人一齊行動。

當時，仲係中學生，其實佢哋拍拖都無乜嘢好做，所以四個人一齊去玩其實仲多活動。我哋會一齊睇戲一齊食平價壽司，放學結伴行街，當女仔去睇衫時我同阿嘉就喺附近打機。旺角對我哋嚟講係一個遊樂場，我哋四人都可以一齊搵到鍾意做嘅事，食到鍾意食嘅小食，當時大家都無憂無慮。

不過好景不常，阿嘉拍拖後就少咗時間同我打機，而我亦好識

趣地想留時間畀佢拍拖,而且我同我心儀女仔既然都無意一齊,就唔想再需要成日出相入對,我都想留返空間畀嗰位女孩子去結識男朋友。我就選擇逐漸少同佢哋一齊活動,我以為大家只要係好朋友,就唔需要成日見住都好,都一樣係好朋友。

咁當見到人哋拍拖時,我就唔再自己打機,亦無再流連於旺角,我選擇咗去圖書館。慢慢我嘅喜好由打拳皇街霸,變成讀古龍讀村上春機讀衛斯理,當阿嘉同另一半享受著校服嘅戀愛,我就一人自得其樂。

我以為自己嘅減少出現係體貼表現,當人哋問起我點解無再同佢哋日日一齊去玩時。我有時會答:「佢哋拍拖咁鬼肉麻,我呢啲單身仔怕煩呀,都係留返啲空間畀佢哋。」我以為佢哋會明白,我係想畀返空間佢哋,等佢哋拍拖二人世界唔需要有顧慮,同時我都有返自己空間同興趣。

但唔知點解傳返阿嘉同佢女友耳邊時,就變成我嫌佢哋煩,總之就係我抱怨同嫌棄令到大家關係疏遠。阿嘉以為我係覺得自

己大個仔啦，要懶有文化咁日日書不離手，嫌棄佢哋睇唔起佢哋先疏遠。但實情係我根本無咁諗過。只不過當大家存有誤會時，好多時言語都不足以去解釋太多，就算你想講對方都聽唔入耳。

解脫與遺憾 彼此嘅過客

阿嘉回憶呢段往事時，我好落力同佢解釋返當年我係點諗，同其實我當年同阿嘉疏遠後，都無另外結識到其他好朋友，我只係由四個人行動，變成更獨來獨往。

我沉浸喺書本之中，我覺得素未謀面嘅作家比其他現實朋友更明白我更體諒我，而家回想都幾中二病。不過對少年嘅我嚟講，我唔識處理呢種疏離，我只係選擇逃避唔去面對。同樣地仲係少年嘅阿嘉一樣唔識面對呢種失落。佢選擇將問題怪責喺他人。大家各自陷於呢種無謂嘅對立，用冷戰去代替對話。

而當然其實過咗咁多年，大家都長大成人，阿嘉而家當然明白當年只係一種誤會，不過呢個解釋遲嚟咗好多年。但遲到好過無到，如果呢個係大家少年時期嘅一個心結，咁喺成年多年後

大家可以將之解開，都係一件好事。人生在世，不免有好多遺憾，所以如果可以透過我主動行出一步就可以化解嘅遺憾，我絕對樂於做主動。畢竟儲埋太多遺憾都唔會有一蚊利息。

　　話雖如此，大家可能以為我同阿嘉嘅友情會喺當年之後解開心結，大家有機會做返好朋友。從此我哋又會一齊形影不離，兩個放工後重遊當年K房，又或者星期六相約一齊去打機。彼此會努力去追返失去嘅時光，會一齊重拾青春歲月。

　　但事實係相反，我同阿嘉喺當日見面後，叫做喺一杯酒期間解開咗多年誤會，只係當成完結咗一件心事。人生就係咁，有啲錯誤已成，你人生軌跡會沿住錯誤繼續前行，但終究是好是壞，其實未到最後一刻你都唔知。但不論好壞，我哋都只有前進，就算你偶爾回首去睇返往事，都唔會改變到啲咩。

　　我同阿嘉自當日起亦無再見面，只係偶爾大家仲會望下對方社交媒體上發生緊咩事，喺阿嘉結婚當日，我都有留言祝佢新婚快樂。但除此之外，我哋都無乜交集。當年我哋鍾意嘅

歌手出新歌，我唔會相約佢去K房去唱；佢有日食返當年我哋成日食嘅壽司，佢唔會話畀我知佢食到回憶味道有幾開心。我哋依然係曾經熟悉嘅陌生人，錯開咗嘅兩條平行線無再交集。

有時，一個小小嘅誤會就可以影響到友情嘅發展，而解開心結需要時間同理解。即使過咗多年，重新理解過去嘅經歷，都可以係一個解脫同成長嘅機會。但除此之外，大家依然係陌生人，我哋最後都係返唔到過去成為知己。

分岔路上 漸行漸遠

我同阿嘉嘅友情翻波事件，相信真係每日喺世界每一處都有好多對朋友發生緊，並不罕有。而我哋嘅結局更唔罕有，就算解開咗心結，但我哋畢竟喺對方生活中缺席咁多年，其實都已變成陌生人。就算要勉強去再參與對方生活，都會不自在，因為真係唔太熟，我哋只係兩個曾經喺人生某段時期熟悉嘅陌生人。

佢喺中學畢業後嘅人生大小事我無參與，而我嘅人生中好多重要時刻都無佢份，再加上長大成人後嘅大家，同當年嘅我哋早已

判若兩人。你要我哋去重新認識對方又好無意思，因為如果有意重新認識一個人，不如直接去識一個志同道合嘅新朋友仲好。人同人之間好講緣份，既然無緣都無需要勉強。

對於阿嘉，我能夠同佢解開當年誤會，我已經覺得係贏咗，因為我少咗一個心結。當然我都會祝福阿嘉人生幸福快樂，而相信佢同樣都咁諗。但就真係唔需要再勉強交往。

相信大家人生中都有好多無疾而終嘅友誼，反目成仇你都尚且仲知道原因喺邊，大家都叫有過衝突，但呢種無大事發生過，自然走開先係大部分友情嘅終斷原因。

一場朋友有時唔需要有大爭執，一場誤會就足以終斷友誼。

有時你打開WhatsApp時，佢會突然將你放咗落去最底最舊嘅留言中，我成日戲稱該處為友情嘅墳墓。喺嗰度會見多好多幾年無人出聲嘅群組，又或者係群組中大部分人已經離開，剩返你仲喺度嘅一人群組。

你努力回想，究竟你哋之間係幾時疏遠，有時你會講得出某一件事係開端，有時你會回想唔起係因乜疏遠，但原因係點都好，結果就係大家唔再係朋友。

你就好似個守墓人一樣，獨自面對呢啲已成歷史嘅對話，你唔想撤離開鍵，因為呢啲人都曾經係你生活中嘅一部分，你期望自己有日心血來潮，會搵返群組中嗰班已離開嘅人去交談，不過你深知，你係永遠都唔會做呢個主動角色。你只係唔捨得撤個離開同刪除掣，唔想令有發生過嘅友情從此無留憑證地消失。你將段對話永存電話，同永存喺你心底中。可能某一晚你瞓唔著，你會開出嚟睇吓回味吓，但你唔會驚動對方，你唔會再喺群組中突然發言。你知一切都有發生過，而有發生過就夠，你唔需要做任何事情去延續或作結。

但呢個就係人生，我哋要接受人生中好多舊朋友都只係過客。

人生路上嘅同行者會自然演進

要維繫感情好難，好多時都要花好多時間，更重要係大家

要一直唔變保持價值觀相近係更難。人大了自然會接觸不同人與事，而係面對抉擇過程中，我哋不免要放棄一啲某日相信價值，我本質上依然係我，只係唔同年紀嘅我，難保喺他人眼中都仲係一樣可愛可親。

　　因為成長本就係變化嘅過程，不論係變好定變壞。總之你就係會不斷咁變，對方都會變。再加上生活環境開始唔同，人際關係亦唔同，有時當你睇對方一啲事唔順眼，對方對你某啲諗法又不以為然，就自然會疏遠。呢樣嘢大家都無錯，而且係必然會發生。有時我哋可以體諒舊友變改，有時我哋理解唔到對方變更。喺體諒與嫌棄之間，我哋不停作出取捨，而你剩下來喺你身邊嘅人，就係經過不同抉擇剩下嘅結果。

　　當中唔需要發生過咩大爭執，唔需要有啲戲劇性反面，只係大家就好似有默契地少搵對方，去到某一日，就自然由一星期傾幾次偈，去到幾個月先會講一句嘢，再去到以後都唔傾偈，只從社交媒體上得知對方近況。喺好快你就會發覺大家由親朋好友變成普通朋友，你最初可能心底會有啲唔舒服，

但其實經歷多幾次你就會將之視作家常便飯，你由最初好介懷到變成習以為常。

　　其實朋友疏遠都唔係咩壞事，只要唔係反目成仇就好。反正每個人嘅人生都會面對好多呢類離別，只要心存祝福，希望對方以後人生安好。下次喺街再見咪大家點頭問句好。唔需要為呢啲離別太過哀愁，只要為大家曾經共渡過唔少美好時光而開心就夠。你於人生某日回首，發覺大家曾經開心過，又發現對方呢刻仲係安好，你就已經好滿足。就算彼此已經天各一方，生活上再無任何交集，但至少你都會默禱對方健康安好。

　　起碼你有日回首過去，大家往日發生嘅事，可以帶到俾你會心微笑。

多啲關心身邊嘅I人，有啲成世人都未去過 party

> 「人生中總會遇到幾個明明心地善良，但就唔算起眼嘅人。大家去玩成日都會唔記得叫佢，但唔代表佢唔想參與社交活動，大家要多關心呢類人。」

　　有年聖誕，一班大學同學圍內搞party，咁啱有個平時唔多出聲嘅同學坐喺附近。同學H性格比較內向，但大家都覺得佢係一個善良同有趣嘅人，只係唔太識社交，所以我哋就邀請埋佢。

　　受到邀請嘅佢好開心，佢話佢由細到大都唔多朋友，所以人哋搞party好少預佢。見到佢咁開心，其實我哋仲開心，唔係話同情佢，而係聖誕節就應該大家開開心心咁過。大時大節嘛，普天同慶嘛，呢個普天係包埋i友同e人，就算到呢刻我都認為，不論你性格係點，你都值得開心啊。內向嘅人可能人生已經因此損失咗某啲機會同優勢，咁最少一齊歡樂都唔好漏咗佢吧。

呢個世界有啲人好享受孤獨，但有啲人只係咁啱唔太識同人社交，所以被迫要孤獨。人人都有長短處，有啲人咁啱短處就係不擅社交，令到佢其他長處咁啱難以被人發現。既然聖誕節係普天同慶嘅日子，咪留意下身邊有冇人其實唔想孤獨咁過，有party咪叫埋佢，啲火雞咁大盤多啲人食咪仲開心。總之所有喜慶開心事，都最好可以令到大家都享受，人越大越明白呢種唔係叫咩大愛，只係一種簡單同理心。自己總會受過唔開心經歷，所以就更加唔明其他人要經歷。

關懷1人關注組

有啲人天生比較內向，少說話，喺一班人中存在感較低。但唔代表佢唔享受熱鬧，佢唔想參與群體活動，只係佢較易畀人遺忘。通常大家叫一班人去玩，都會漏低咗佢。呢個世界對內向嘅人唔算友善，唔夠公平，但唔代表我哋應該接受呢種唔公平。都係嗰句。好多時性格都係天生，唔易改。例如有啲人真係一身處多人地方就會唔舒服，你好難迫到佢去習慣，

因為連佢個身體反應都話緊佢聽，佢真係習慣不了多人地方。咁呢啲時候，就應該切身處地去理解下佢感受，好多時你只要諗吓如果你係佢你會有咩感受，你就知應該點對待對方。

結交朋友最應該睇嘅係佢內在美德，而唔係佢有幾健談出眾。我哋要多啲觀察同發掘他人優點，特別有啲優點要長久相處先發現到。例如某君行事謹慎，佢平時講啲咩都深思先會講，但因此佢唔多言。但他人就要長期觀察同相處，先會發現佢唔係唔想同人交談，而係佢想講啲較準確嘅說話。咁如果你喺發現佢唔多講嘢之時，已經放棄同佢溝通，你就唔會喺之後發現原來佢言之有物，講每句嘢都係經過思考。但當你留心發現佢優點時，你就會因此而欣賞佢。

所以每逢大時大節，我都會呼籲大家留意下身邊內向嘅人，佢可能係你同學或同事，佢平時雖然好唔起眼，但其實人幾好，對你都唔錯。你唔清楚佢放假有咩做，亦都無其他人關心，因為當你哋一班人計劃緊點開party慶祝節日時，佢只係靜靜地坐埋一邊

聽你哋講，佢無參與討論。佢可能內心等待你去邀請佢，有時的確係好難喺無乜言語溝通過時，你會心領神會對方想做咩，但如果你由你行前一步去做主動時，結果可能係大家都開心。

都係嗰句，有啲 I 人唔主動報名參與活動，未必係因為佢無興趣，未必係因為佢唔得閒，好可能係佢好想參與，但礙於性格所限佢唔敢開口，亦都唔知點開口講一句：「其實我都想去，可唔可以預埋我。」有時作為 E 人，都唔好講係咪責任感呀使命感呀，但當對你嚟講要開口約人唔算係咩困難，而你又知要開口報名參加對 I 人嚟講係難過登天，咁你咪開口囉。

發掘寶藏 或者會有驚喜

作為較外向較健談嘅人，不妨照顧同體諒啲較為內向同羞於同人互動嘅人。有時你問一句邀請佢好易，但要佢想開口表示想參與就好難。你可以咁諗，你要作主動其實真係無乜點費力，但結果係你令到他人開心，唔使點用力下又令到他人可以開心，其實真係一舉兩得。

　　好多時內向嘅人都係寶藏，因為佢少有表達自己，所以當你細心同佢交流時，就會發現到佢可能有啲獨特睇法，有啲有趣觀點一直無同人分享過，你就成為咗發掘佢呢一面嘅人。呢種感覺，就好似你成為某人嘅知音人咁，因為你本身有眼光，而對方又只係埋藏住未被人知嘅光芒，當你哋發現大家都係可以交流可以成為知己時，嗰種驚喜，真係最老套地講句，係用錢都買唔到嘅快樂。

　　你可能會好驚訝，有唔少人成世都未受邀過參加任何派對。既然節日應該係普天同慶日子，我哋未必有能力照顧晒世上所有不幸嘅人，但至少令到我哋身邊認識嘅人盡量開心，令到內向嘅人都同我哋一樣可以盡情享受節日，呢啲係好易做到。

　　節日嘅真諦唔係要食到幾多好嘢，而係分享到幾多快樂畀人。

俾心機　我有太多理由

HUMAN
OBSERVATION

CHAPTER 02

終身學習先唔會被社會淘汰

「當你好驚有日會畀人工智能取代時，其實可能呢一日比你想像中會仲早嚟。」

最近聽到有啲自己以前嘅職位，因為人工智能AI突然嘅迅速發展而被削減時，其實真係好驚。AI發展得好快，但我認為個世界根本未準備好。

起碼我都未準備好。點先算係準備好？即係如果聽日我從事嘅工作，突然之間完全被人工智能準備好，我係咪可以即刻轉行？可能係可以轉到行，但又係咪代表我本身嘅長處會喺我新工上發揮到，定只係勉強騎牛搵馬？我係咪真係可以好順利咁再就業？

老實講，到呢一刻我係認為自己未準備好應對。

李小龍講過，佢唔怕對手有一百套武術，但就怕佢同一套武術練足一百次。

以前嘅人可以同一份工做死一世，只要有某樣技能，你將嗰種技能鑽研到最好，你就係職人。但喺人工智能世代，我好懷疑呢套係咪仲行得通。

職場再培訓 適應新科技嘅關鍵

雖然用人工智能取代工作去做引子，好似好灰咁，現實可能係，當有啲工被人工智能取代咗，就會有啲新職位應運而生。但最大問題係，呢啲職位未必係一換一，即係你無咗舊份工就可以即時做到新嘅工作，當中可能涉及好多再培訓。

就好似以前工業革命，生產業鏈與製造方式逐漸轉為機械化，人力市場上，工人需求大幅減少，但取而代之的是操作機械的師傅及機械維修人工需求增加。

返嚟呢個年代，不斷學新嘢已經成為必要，你唔會想等到無咗份工先嚟不安，先嚟拿拿臨學新嘢去應付。

最少，學返好語言先，要用到AI都需要落指令，要語言精煉且準確。

可幸嘅係，以前想學樣新知識可能要畀好多學費，仲要畀完一萬幾千學費先發現自己對呢樣嘢根本全無興趣。喺呢個世代，想學一樣新嘢，可以先喺互聯網搵到相關教材接觸下先，好多入門知識可能睇YouTube都有，而且因為係網片，你唔明之處仲可以不斷翻睇，你畀錢去學嘢都未必有得叫個導師教到你明為止。

要知道 呢個社會進步得好快

如果話自己份工，AI仲未取代到，AI同自己嘅距離有啲遠，講返啲日常先，自助收銀機嘅出現。

對於I人嚟講，呢部機可以話係最偉大嘅發明。唔使面對人類亦唔使勁長氣妙問妙答：「唔係會員」、「唔使草分」、「俾信用卡」。

但係根據呢個人類觀察，有啲人見人工條隊太長，就去自助收銀條隊，撳都唔撳就叫職員嚟幫手，職員一邊好用心教，佢就一邊MUR MUR唔識、唔明、唔知。

相信佢下次一樣，都係唔識，亦相信，呢種人遲早會被社會淘汰。

正如熱門科幻小說《3體》所講，人類發明嶄新科技嘅時間只愈嚟愈短，社會嘅進步係唔等人。我哋要保持迎接新科技嘅心同不斷學習嘅精神。

明白收工忙咗成日，仲要學嘢係好弊。就算而家學嘢係好方便，你去廁所拎住部電話都可以增長都知識，但要喺繁忙生活中迫到

自己去自學，點樣自律都係一門學問。

　　建議大家可以將目標訂得低啲，例如你係為咗而家嘅工作去增值自己，咪揀啲較易即時見效，即時同日常工作有改善嘅嘢去學先，當你發現有明顯幫助同進步時，就易啲推動自己去學習。未必所有人都可以由學習過程中得到喜悅，但大部分人都應該會睇到自己成果而高興。

　　唯有終身學習不斷增值，我哋先可以保留競爭力。

大方認下對方嘅讚美

> **「過份認叻固然乞人憎,過份謙虛其實一樣唔討喜,人哋一係覺得你太無自信,或者覺得你好假,做人都係應該不卑不亢。」**

有段每遇到有人讚我,我都會第一時間否認,有時仲會落力到踩埋自己。例如有人讚我嗰排寫嘢不錯,我就會好緊張咁話:「都唔係呀,我覺得好麻麻,講唔上好,相比之下XX就真係寫得好啦。」

我自以為呢啲叫做謙厚,但實際上讚我嘅人會畀我嘅反應搞到好尷尬。因為人哋都會心諗,係咪講錯嘢呢?做咩我讚你你又耍晒手擰晒頭咁,係咪有咩誤會呢?而家我讚你喎又唔係鬧你。

直到朋友C提醒我:「人哋讚你而你又極力否認,我覺得係妄自菲薄多過謙虛。而且人哋讚你你又咁否認,咪即係話讚你嗰個

人無眼光，人哋讚你仲要畀你咁侮辱，真係講唔通。」人哋讚完你但畀你否認，真係唔知可以點反應，除咗尷尬苦笑。但其實你原意又唔係想咁，你只係想表現得謙虛，但極力否認反令你大失風度咁。

　　自從，當人哋讚我，而我又覺得係真心而非客套說話，我都會講一句多謝支持。一個人最緊要係謙虛之餘，仲要有自知之明，即係你明知人哋讚你係出自真心欣賞時，你咪樂意接受。呢種自信係風度，係一種證明你認真對待他人同自己嘅處世之道。有時就算為自己感到驕傲都唔係咩問題，當然唔係叫你囂張做人，但愛自己同尊重自己都好緊要。

推手——不合時宜嘅處世之道

　　或者係我哋自少受教育都覺得要謙厚做人，當人哋讚你時，你就要好似人哋提出請你食飯咁，你要耍一輪禮讓推卻，講兩句唔敢當唔敢當，先叫做大方得體。當我覺得真正大方得體，係要對中肯讚美說話欣然接受。講一句多謝就得。

你唔需要表現得太大反應，實際上，大部份情況下，人哋讚你，你講完多謝，大家就會move on去下一個話題，其他人睇落都會覺得係正常。唔會特別覺得你好囂張。

我認為不卑不亢係最理想嘅做人狀態，特別係遇到別人嘅讚美說話時。唔需要過份謙卑，亦唔好太亢奮太一朝得志咁。但要成為一個不卑不亢嘅人唔易，我哋首先要了解自己，可以用一個較客觀嘅角度去審視自己能力。

太過自謙唔係好事

一個人最應該了解嘅係自己有咩叻有咩唔叻，長處你咪努力發展，短處你咪用力改善。但大部分人都係當局者迷，要學識客觀評價自己唔易。

例如別人讚你某樣工作做得好，而你又已經用一個較客較中肯嘅角度去審視過自己嘅能力。咁你就會分到人哋讚你係咪謬讚，過份高估你；定對方只係日行一善，或者只係客氣

說話，都唔係真心讚你；仲有一個較極端例子，就係對方可能係捧殺你，讚到你飄飄然，他日就跌得痛，當我哋可以正確理解到對方讚我哋係咪真心，係咪合理，我哋自然就可以有一個相應嘅心態看待。

點解唔好自大自滿呢啲嘢係老生常談，大家都明白好多時自大係源於自卑，自卑心態好易被人看穿，而且自大有幾易乞人憎，相信大家都聽得好多。但唔好妄自菲薄，唔好太常自嘲同自我否定呢樣嘢，就較少人講。一個人成日提住自己有咩唔得，成日踩自己有咩做得唔好，其實某程度上都係打擊緊自己。

當你太慣於打擊自己，你就會忘記自己其他都好多好處。呢種心態長期形成落去，就會好易妄自菲薄。

但妄自菲薄呢樣嘢對個人成長係一大阻礙，當你要去果斷執行一件事時，靠嘅就係決心同自信。但決心同自信都係靠平日受到肯定，或者你自己肯定自己而累積返嚟。做得好時

唔好太自滿係啱，但同時都要適當肯定自己做得好。要客觀看待自己嘅努力同進步，係難過客觀睇其他人嘅能力同成果。但相比他人做成點，其實你自己做成點先係最重要。

都係嗰句，時刻正確認識自己係一個點嘅人，先係我哋想有成長，想變好嘅第一步。當你都唔知自己應該去住咩方向進步或改善，你又點可以好好發揮到自己呢。

當別人對你作出評論時，鬧嘅要聽，讚更加要聽。用不卑不亢態度去了解自己喺別人眼中係點，人哋讚得啱就欣然講句多謝支持，人哋鬧得好就衷心講句多謝指教。

我哋都可以挺起胸膛，坦然面對世間其他人評論。

CHAPTER
02-3

HUMAN OBSERVATION

被 討 厭 的 勇 氣

> 「呢個世界最人見人愛嘅人都會有人唔鍾意，鍾意一個人可以無原因，同樣地唔鍾意一個人都可以無原因，你要強求所有人鍾意你係無可能。」

朋友Martha（化名）成日被我哋戲稱係友誼大使，佢天生有親和力，又好樂於去結識新朋友，所以佢真係稱得上相識滿天下。透過佢，我都有幸認識到好多新朋友，而所有人都對佢讚不絕口，基本上我係絕少喺他人口中聽到佢嘅壞話。

呢位友誼大使最討喜之處，係當佢發覺身邊朋友都各懷絕技，又苦無發揮之處，佢仲會分毫不收地做中間人，串連唔同有能之士，等佢哋有新合作。而當事成之後佢都絕不邀功，只會話：「我都係見大家都係叻仔叻女，做個順水人情介紹大家認識下咋嘛，事成係佢哋本事，唔關我事啦。」

「他邊有咁好心啊」

一個人可以唔為利益，唔為名聲，只係一心想促成好事發生而樂意做中間人，呢種行為自然可敬。一個喺大家眼中咁無私嘅人，照計都好少會招人討厭。但佢嘅慷慨喺某啲人眼中係「扮晒嘢」，明明無證據，都可以指責佢係放長線釣大魚，先賣大家人情，最後先恃機收割。

佢嘅交遊廣闊喺唔鍾意佢嘅人眼中都係罪名，話佢只係波蘿雞周圍痴。見呢個有錢嗰個有名就主動痴埋佢，基本上呢啲罪名都唔需要特別站得住腳，因為只要你覺得佢係就係，被指責者亦都無從證實佢無懷有呢啲嘅動機，聽者通常都唔會特別考究真偽。

咁點先可以去改變人哋嘅睇法？

咩都唔洗做，減少接觸。反正你講咩都好難改變到佢對你嘅固有睇法，而更多時係佢只係想搵啲嘢去睇唔順眼。你只係咁啱成為佢目標，你唔會改變到佢嘅睇法，因為佢本身對你嘅睇法都非理性，所以點都唔會理性客觀去看待你。

世上真係有無緣無故嘅恨

呢個世界有七十幾億人，不論你有幾完美都好，都唔會討好晒所有人，更何況我哋都不完美。而相信大家都曾經有啲無乜原因下，對一個人心生厭惡嘅經驗。只要你唔鍾意嗰個人，對方就算笑下都係對你嘅滋擾，唔鍾意一個人唔需要有一篇千字理性論文作支持，同樣地鍾意一個人都係，可以好無原因。

既然喜惡都可以無原因，當我哋無故被針對時，都唔需要特別搵一個原因。有時我哋要接受世間上好多事，本身就係無緣無故。我哋可以有時會多用理性思考，但更多時我哋都受到感情主宰。當講到感覺時，好多嘢即時都唔需要再討論，亦無乜改變空間。例如你有樣好唔鍾意食嘅食物，就算我寫千幾字詳列該食物有咩營養價值都好，你都未必會因此而鍾意食，最多係迫自己食少少咁。

例如我試過一次被一個唔太熟嘅人不斷口出惡言攻擊，我自問對佢乜都無做過，所以好不忿，我當時發誓要搵到原因。我用咗好多時間去進行呢個無謂嘅調查，而當我從佢身邊人

口中聽到其中一個原因時，係佢覺得我同佢某個仇人講嘢語氣好似，所以就感情投射，對我心生厭惡。簡單嚟講，我無得罪過佢，我唯一令佢討厭之處，係令佢聯想到另一佢討厭嘅人，即係畀佢哋之間嘅怒火誤傷。

而當我嘗試同佢交好，懶搞笑咁同講話：「點解你唔畀個機會真正了解下我先呢，可能你真實認識我為人之後，會因為我嘅本性而唔鍾意我，而唔係因為我似某人而唔鍾意我呢。起碼之後都叫憎得有道理呀嘛哈哈。」

對方聽完不單唔領情，據聞仲更加討厭我。

佢覺得我好無賴，明知佢唔鍾意我，仲厚住面皮咁去向佢示好。佢根本唔需要我專登去向佢示好，佢覺得對我無改觀嘅必要。而我所謂嘅示好，喺佢眼中係一種嘲諷，係虛情假意。本身都已經唔鍾意我，經此番折騰後，佢應該係仲更加討厭我。

喺嗰刻我終於認命，佢唔鍾意我原因係咩唔重要，就算我

知道咗後都唔見得可以逆轉佢對我嘅睇法。既然係咁,咪由佢唔鍾意我囉,反正大家都不缺朋友。

自求我道 知易行難

所以各位親愛嘅讀者,大家都要認清一個事實,就係你討好唔晒所有人,你亦都無必要去討好晒所有人,呢個係一個貪念,而且係無法滿足嘅貪念。

亦都係無用功,因為你點扭曲自己本性都好都唔會成功,你唔會討好得晒所有人。當然好少人會享受被人討厭嘅感覺,起碼我自己都十分唔鍾意被人討厭。

要知道淫者思淫,個人嘅思想污穢,自然就會臆測他人一舉一動都係「做衰嘢」,唔使同呢種人一般見識。

我哋都要接受自己有人鍾意時,就同時會有人唔鍾意。當然我哋可以做嘅就係盡量與人為善,令鍾意自己嘅人多過唔鍾意自己嘅,咁樣已經算係好成功,叫做喺人際關係上處理得不錯。

當然亦有啲人係完全唔介意人唔鍾意，自求我道，一心只係想活出真我，要做到笑罵由人係一個好高深嘅情操，需要好長時間去適應。

但我哋最起碼都應該先鼓起被討厭嘅勇氣，當發現自己被討厭時勇敢面對，唔好第一步就怪責自己，或即時諗可以做啲咩去討好對方。佢唔鍾意你你又唔會少咗忽肉，但佢就要因為唔鍾意你而產生負面情緒，其實計落係佢損失。雖然你可能會話，畀人唔鍾意好難會開心，強行令你自己睇得開都唔易。

我都坦白講，真係唔易，有時每當諗起對方唔鍾意自己，就多少覺得好似有條魚骨喺喉嚨咁，不過學識面對學識唔執著係大家都要面對嘅修行，共勉之。

及早接受自己討好唔晒所有人，你活得會更舒服。

拖 延 症 患 者 的 自 白

「拖延症有無得醫？有！但先要明白自己拖延症成因。」

　　本人係拖延症患者，就算係撰寫本書時，都有遇上呢個問題。可能出版社嘅編輯小姐隱約都有察覺我係去到死線末期時係最落力寫，但佢好好心地無揭破我。（編按：成年人世界，明嘅）

　　事實上，我由中學開始已經係拖延症患者，小學時屋企人都仲叫可以督促到我做功課溫書，而且當時個補習老師十分惡死，我因為驚咗個補習老師，所以仲會按時完成功課。但一到中學，就從來未試過準時做任何嘢，每次考試前一定會待到最後嗰兩日先溫習。但奈何天資有限，所以成績麻麻。好多人臨急抱佛腳都學有所成，係因為本身佢哋天資聰穎，同呢一種學習方法有利於佢。但當你唔係呢種人，拖到最後先溫習唔會令你成績不錯。你唔會因為呢種壓迫感而更加溫得入腦，因為你根本係需要更長時間去溫習，但你只係選擇去到最後先做，令你唔夠時間溫習。

但喺拖拖下我就發覺，某啲我較擅長嘅工作，例如寫作，我如果喺死線前先開始寫，有一個確實日子要完成，我係會比平時更有靈感，寫得更好更順暢。我估呢樣係因為係人喺高壓下為咗求生，會迫到一啲平時無用嘅潛力出嚟。大概亦因為咁，我認識嘅好多從事創作行業嘅朋友，都好鍾意拖到死線前先工作。

每日難題：諗食咩

我平日經常流連cafe，有次喺cafe中認識到設計師阿浪（化名），阿浪同我係比我更嚴重嘅拖延症患者，佢連平日一日三餐都會拖延去食，因為覺得好難決定要食咩，佢決定拖到真係好肚餓，或者拖到三餐當兩餐去食，咁就可以唔洗諗食咩。

有時喺cafe撞到阿浪，望到佢對住空白嘅excel檔好焦慮咁發呆，隔一陣佢又玩電話，又隔一陣佢又會起身行嚟行去，總之就係未開始工作，我問佢做緊咩，佢答我：「我好怕處理啲行政工作，對住數字我就頭痛，我喺度拖到公司會計姐姐打電話嚟催我，等我自知真係無得再拖，我真係要面對先開始做。」我同佢講我都有同感，因為我

都好慣常將唔鍾意做嘅事擺到最後先做，但我會先開始去處理我較擅長嘅事。

　　所以我問佢：「咁點解你唔喺佢打嚟之前做住其他嘢先？反正你都係到畀人催先會開始做架啦。」我好明白拖延症心理，但其實我覺得反正一日得24小時，而你要處理嘅事又不止一樣，咁你唔想做A，咪做住B先囉，咁對整體工作嚟講，你進度都唔會係零。

　　阿浪：「但我而家焦慮緊，我根本專心唔到做其他嘢，其實我有想嘗試開始做架，不過我真係專心唔到。」我睇得住阿浪眼中嘅痛苦，焦慮呢樣嘢真係好易蠶食我哋嘅專注力，當你坐立不安時，你就好難去專心做好某一樣嘢。你越係想做好，就越易被心中焦慮提醒你有嘢煩緊驚緊，呢種煩躁不安，真係會令到生產力大降。

　　阿浪呢種拖延症好痛苦，因為佢拖延嘅時間無任何得著，佢唯一得到嘅係焦慮。佢本身已經唔夠時間工作，只會因為拖延令到

時間更少。當你少時間去做好一件事，出嚟效果自然會差，當做得差你就會對自己不滿，旁人亦會對你更不滿，呢種不滿又會再變成新嘅焦慮來源，令你捲入焦慮風暴。

而面對擅長嘅工作，即係設計，阿浪都會拖延，而喺未開始做之前佢一樣都係會焦慮，阿浪嘅拖延唔同我，佢唔特別覺得喺死線迫緊前工作佢有特別高效，只係佢好怕開始，或者係佢好多時都唔知點開始，亦因為佢好怕效果出到嚟唔好，所以佢唔敢去開始。都係嗰句，所有工作都有死線，你每拖延多一分鐘，就係令你向死線推前多一分鐘。你浪費咗喺拖延嘅時間係直接喺你整體工作時間中扣數，唯有動手去開始做，你先可以用盡死線前嘅時光。

其實好多事後果都無佢想像中嚴重，例如佢喺揀平日三餐咁，揀到一餐唔好食其實最多都係捱一餐，係唔需要驚到要拖落去。每次喺cafe見到阿浪，佢都係好焦慮咁一邊飲住杯啡，一路望住電腦發呆，對於呢種拖延症，我希望佢可以醫返好。

腎上腺素上升先逼到小宇宙爆發

拖延症都分幾種，有啲人鍾意做死線鬥士，仿佛將死線存在視為推動力，誓要喺死線來到前先開始工作，企圖用死線迫出自己最大潛質。呢種人就好似西班牙鬥牛士咁，佢將死線視為鬥牛，將拖延時間化成輕盈步法，喺鬥牛衝來前佢未必係咩都唔做，佢有作出啲心理準備，務求死線衝到一刻前佢可以將之制法，享受死線帶來嘅壓迫感。死線對佢嚟講，係一樣用嚟征服嘅事物，當佢可以喺死線前做好一件事，即係佢再次征服到死線，呢種成就感帶畀佢嘅快慰，足夠佢喺下件工作中做得更好。佢更可能會因此吸收到經驗，更識得點樣加快自己工作效率，更好掌握到死線前嘅時間。呢種征服死線高手大有人在，問題你要知自己係咪呢種人。

如果你係呢啲人，咁其實你可以繼續拖，繼續喺死線前先通宵三晚，你唯一要確保係你嘅出品係咪真係有因死線衝刺而喺水準上有提升。只要你不斷有進步，工作不斷提升到，無人會理你幾時開始做，因為呢個世界大部份事情都只看後果，不問過程。相反好多時你係做得唔好，就算你早十日做都無人在意。

如果你最後發現其實你喺死線前迫出嚟嘅嘢都係不外如是，我會勸你都係提早啲開始做，一來你會有更多時間去準備，二來通少幾晚頂到身體健康絕對係好事。

每日做少少 積少成多

但如果你係好似阿浪咁，你其實唔係唔想做，你只係唔知點開始，又或者你係好怕做得唔好，而中間你係經歷住唔少焦慮的話，咁就係一種煎熬。你需要解決呢種惡性循環，你先可以唔畀焦慮去控制住你。所有事都係萬事起頭難，但當你真係有動力行出第一步，你就會發覺世上好多事都可以迎刃而解。

就好似同每年新年訂下目標一樣，其實平時我哋要處理啲日常工作，之所以難以開始時，係因為我哋將目標定得太高。

以我寫書為例，我如果係要訂下一日要寫四萬字(編按：好似唔止呢個數)，我都會畀呢個數字嚇親，會唔想開始寫，因為諗起一日要寫兩萬字，即係可能一連十幾個鐘都係要嚟寫作。咁當然會有壓力唔想開始，如果我只係要求自己一小時寫到

一兩千字時，咁就會易達成好多。目標呢樣嘢，永遠都係好易一開始定得太高，高到你自己都打從心底唔信你會達成到，變成口號。你心底明白你根本由一開始都唔信自己會達到，咁你就自然唔會開始做。

我會畀自己知道我唔係要一連十幾個鐘寫到幾萬字，而係要喺一小時寫到兩千字，而加埋我有兩萬字要喺一日內完成，而之後我點分配呢十個一小時寫作，就係我自己分配。就算到最後我係寫唔到兩萬字，我可以都已經寫咗六，七個鐘嘞，都叫做有好大嘅進展。當你訂一個合理可行嘅目標，你就會對自己有信心，因為你知道實際係可行，只係爭在你幾時開始去做。你知道只要你比平時努力少少你就會完成到，而呢個努力少少嘅步幅，係會令你願意行前去做。

其實從事任何工作都係咁，只要我哋將目標切我細細份，越細份就越易入口。同就算幾細份都好，你都叫開咗個頭，你望住條進度係0時會好焦慮，但如果進度係10%時你可能都仲會好焦慮，但你起碼叫做有啲揸拿，同有啲頭緒要點完成落去。我認為一個

人生產力最旺盛，做得最好嗰部分應該係做到一半時，因為已經上咗軌道，你會較為得心應手。

你要將自己由10%做到50%嘅心路歷程同拼勁記在心上，留返下次嚟重溫。當你下次再次想拖延唔做嘢時，就諗起不如衰衰地都開始去做咗頭10%先，再努力迫自己做到50%，到做到有一半成果時，你就自然有心機去將之埋尾。咁樣喺你唔經唔覺之下，你就已經完成咗件事，望一望日曆，你可能仲有幾日剩。

如果係單純的唔起心肝做，或者係害怕失敗而唔想開始，咁你可以試下將目標拆散，由最易做嘅部分開始做先。但如果你根本係享受喺死線前衝刺，鍾意利用高壓去迫出成果，咁其實你都無乜必要改，繼續拖多陣吧。

走 出 舒 適 圈 ？
既 然 真 係 舒 適 點 解 要 走 ？

> 「心安難求，呢個世界有啲人需要從熟悉嘅人事去尋找安全感：重覆食同一間餐廳、去同一個國家旅行、聽嚟聽去都係嗰啲舊歌，佢可能就係靠呢啲事物去尋找安全感，呢個就係佢嘅舒適圈，而舒適圈係唔需要走出都得。」

我係嗰啲食開同一樣嘢就可以日日食嘅人，唔會悶。朋友阿Cat(化名)同我係完全相反，佢好鍾意試新餐廳，有時啲餐廳佢食過一次就算覺得好好食，佢都唔會即刻返轉頭食，佢寧願會將下餐飯留畀新餐廳，佢會寧願試新嘢。所以每次約阿Cat食飯我都會將搵餐廳重任交畀佢，我知如果我提出食返上次嗰間，佢一定會不悅。

　　阿Cat問我：「點解你就算嚟到新餐廳食飯，都係叫返同上次差唔多嘅食物，你唔會悶㗎咩？」我明白阿Cat係真心唔明白，佢或者有少少覺得不悅點解眼前條友食嚟食去都係呢啲，就好似你好唔鍾意食芋頭，但見眼前條友食得津津有味時，你都會心諗點解咁唔好食都會有人食得咁滋味。

　　我：「呢個可能係口味問題，不過我食開嗰啲嘢我的確可以成日食。」阿Cat表示唔明白，佢話佢就算有時要重覆食同一間餐廳，佢都一定會試吓唔同嘢，佢接受唔到成日食返差唔多嘅嘢。佢覺得自己無乜口味喜好，因為佢唔介意試新嘢，我指出咁佢嘅口味就係新鮮感。

　　阿Cat係一個好需要新鮮感嘅人，佢不論係事業上愛情上同平時生活都好需要新鮮感。佢好少會喺同一間公司做好耐，甚至佢鍾意喺不同行業中都打滾一陣，亦都唔介意喺做出成績後轉行，唔會留戀。如果你要佢長期做同一件事，就算係

高薪糧準都好，都不足以留住佢。

幾時開始「舒適圈」變咗一個負面詞

即係就算你出十萬蚊一個月畀佢，佢都會覺得係被困，佢唔會做得開心，可能高薪會有一剎令佢想留低，但賺多幾個月後，佢都會認為呢啲錢唔到佢賺，因為佢唔開心。

佢喺愛情上唔算花心，但感覺到佢好怕沉悶，當佢覺得失去火花之後，佢就會寧願去搵下一個。而平時生活佢都好多姿多彩，咩水上運動極限運動佢都好鍾意嘗試，佢唔介意喺嘗試過程中中伏，佢認為人生咁短，成日為自己處處設限先係最大嘅伏。有啲人鍾意細水長流，但佢望住啲水一路流，佢只會期待邊一刻會濺起水花，或者幾時先會濺出火花。佢要熱情佢要火花，就算係煙花一般短暫而燦爛，都好過要佢長期經歷一段無乜起伏但又好穩定嘅愛情。

所以佢成日好唔明白我點解可以成日食返同一間餐廳；去親旅行都係去日本；平時活動唔係去散步就係睇書，佢覺得我哋就係兩個極端。

有時阿Cat唔明白點解好多人可以同一行業做到幾十年時，我會解釋：「呢個世界上有專才亦都有通才，好多人係專才，只要認真鑽研同一門手藝佢就可以成功。唔係人人都好似你咁叻，試咁多嘢都可以成功。」

阿Cat就反問：「唔試下點知得唔得？點解要留喺舒適圈？」我好認真咁問佢：「留喺舒適圈有咩問題，點解一定要走出舒適圈？」

佢聽到覺得好衝擊，因為喺佢心目中舒適唔算係一個正面嘅詞語，舒適對佢嚟講即係要佢坐定定，佢追求嘅係刺激。如果呢個世界有樣嘢叫刺激圈，佢會想長留於此。

「悶」？就等於「浪費時間」？

人生在世，求心安好難，走出舒適圈與否都係個人意願。我同Cat講：「有啲人好鍾意靠熟悉感覺去尋找安全感。唔係人人都好似你咁鍾意試新嘢，真係無乜話邊個取向係好啲，單純係各自人生選擇。」呢番說話，阿Cat可能未至於聽唔明，道理佢都懂，只係佢唔理解。因為對佢人生取態係反方向，就正如一個畏高嘅人係唔會明點解有人會自願企上高處睇風景，佢未行到上去已經腳軟緊，仲點去享受到高處。

阿Cat好不解咁講：「我唔明點做人可以咁悶，唔會好浪費時間咩？」我解釋：「對方一樣未必明白你點解時刻要追求新鮮感，如果對方覺得處於個位置係舒適，就唔會覺得係浪費。至於你覺得佢浪費，單純係以你個人價值觀作量度，但呢個世界本就無一種價值觀係唯一標準。」阿Cat聽完之後無再同我糾纏喺同一個話題，大概係佢覺得傾同一樣問題傾太耐都好悶，好無新鮮感，佢好快就同我開咗另一個話題去討論。

舒適圈去留問題本就無分對錯，要走出係勇敢，但想留低亦可悠然自得。樣取向都係各自選擇，沒有誰比較高尚。

人人想要嘅體驗都大不同

我大約可以用自己做例子，去講吓我平日點樣維持喺自己少少嘅舒適圈：例如我鍾意去一間cafe我就會成日去，每次都會飲返同一種飲品。

因為我知道喺一個咁無常嘅世界中，我可以喺熟悉嘅環境中飲返同一種熟悉嘅味道，呢個無常中嘅小小常態帶到安心感畀我；我去旅行嚟嚟去去都係去日本，因為我鍾意嗰度嘅文化同食物，去旅行係一個取捨嘅遊戲，利用有限嘅時間同金錢，選擇自己最鍾意嘅地方，咁就可以保證我最大機會會得到自己想要嘅經驗。

呢個喺我朋友阿Cat眼中係最無趣嘅生活方法，佢會覺得呢個係 play safe，無冒險精神。但人點解一定要有冒險精神先？

無錯有時走遠路可能會有驚喜，但有啲人就係鍾意跟住固定路線去行啊。

舒適圈近年好似變到好負面，我就唔係咁睇。

好多人努力工作只係想賺取舒適生活，咁生活喺舒適圈都無乜問題。做返同一行有咩問題，你要喺同一行業中要站穩腳，一直佔一席位都唔係易事。逗留喺舒適圈唔代表無進步，就好似日本成日講嘅職人。佢哋將一生奉獻喺某種技藝上，同一生時間去精進自己嘅呢門手藝，從而成為大師。

咁佢係咪算係停留喺舒適圈？我覺得就算做同一件事，你都可以畀自己進步同成長，同喺同一件事上你可以用唔同方法去做從而尋找到新樂趣。我有個畫家朋友同我講，佢話佢唔怕AI會影響佢嘅工作，佢認為新事物來臨會令佢有新領悟。

佢唔認為呢個新事物係入侵緊佢嘅舒適圈。佢好細個就立志要終身投身喺藝術上面，所以佢好歡迎新事物來臨，但佢都會堅持返自己嘅態度。佢認為唔需要每見到有新事物就要改變自己工作態度，自亂陣腳，相反佢覺得面對變遷佢更應該要思考下點樣將舊事物好嘅部份保存落嚟。

每個人追求都唔同，有人追求喺人生中得到唔同經驗，覺得咩都試吓先不枉此生，但其實係咪不枉此生都係你自己定義。有啲人覺得可以同愛人家人有平淡生活就係幸福，佢唔想要咩刺激，唔想經歷咩深刻大風浪。咁其實佢只要盡力維持佢現有生活其實都好叻，已經係佢人生意義。

喺呢個世界你估你可以維持到一個舒適圈係易事咩，其實都好唔容易。

誰曾話愛情要轟烈 才沒抱憾

HUMAN
OBSERVATION

CHAPTER 03

幾犀利嘅愛情專家都會當局者迷

「愛情專家平日為友好提供精準關係意見，一針見血。但到自己身陷情感困惑時，一樣當局者迷不能自救。」

朋友小雯（化名）成日畀我哋戲稱做流動愛情信箱，每個人有咩愛情煩惱，第一時間都會求救小雯，佢會畀出獨到又貼心嘅建議，絕非「感情問題一律建議分手」之類答案。

我有建議過小雯不如開個 YouTube Channel 指點一下網民迷津，或者走去讀返啲相關學位同專業，攞正牌輔導人。但小雯都係話：「我呢啲業餘幫吓朋友，我只係每次都好用心地，切身思考返兩個人嘅立場同睇法，咁我旁觀者清，可以用個客觀抽離方法去睇件事，自然就會有唔同見解幫到吓朋友。」小雯講呢番說話時語氣溫柔但有力，我暗忖其實小雯用呢個語氣去開解人，其實內容係咩都唔太緊要，你齋聽到佢把聲都會信服。

　　但愛神也有苦惱，小雯本人嘅情路亦非一帆風順，當佢有苦惱時，佢習慣自己解決。因為佢覺得佢有專家包袱，佢唔想畀人覺得佢能醫不自醫，平時人哋求救時佢就可以交出幾千字教學，但到佢自己有問題時原來都一樣解決唔到。長久之下，有其他朋友好擔心佢，想嘗試開解佢，但奈何專家包袱令小雯拒絕求救。

不對等和自我欺騙的戀情

　　最近，小雯愛上咗一個待佢呼之則來揮之則去嘅男人。小雯深信自己同呢個男人係天作之合，只係兩人要歷經啲風浪先可以一齊。男人有時心情好，會突然一早揸車去到小雯屋企樓下，叫佢落嚟兜風食早餐。但佢從來無問過小雯之前嗰晚係咪工作到通宵達旦，反正佢興之所至就想小雯配合。

　　而當男人有時又會突然失蹤一排，電話唔聽訊息唔覆。就算小雯點搵佢，向對方提出自己有幾不安，男人都唔會理。只係當男人再搵小雯時，佢唔解釋失蹤原因之餘仲會責怪小雯，而小雯每次都會後悔，覺得係自己做錯事打擾到男人。

但事實上喺他人眼中，呢段關係似係女仔好鍾意男方，而男方只係喺眾多選擇中，偶爾娛樂對方，小雯喺男人心目中唔算太重要。

小雯生日當日，佢將所有時間預留畀男人，佢深信男人會為佢安排一切，為佢慶祝生日。但實際上小雯要為晚餐自行訂位，佢連生日蛋糕都自己訂埋，男人要做嘅就只係出現，講唔上係對方悉心安排。

而男人最後遲咗大半個鐘到場，一坐低第一句唔係道歉，而係：「唔好預我會唱生日歌畀你聽，我最唔鍾意就係唱生日歌。」

成餐飯男人都唔算太投入，仲會偶爾抱怨兩句餐飯唔太好食。「如果我下年仲會同你食生日飯，都係等我揀返餐廳啦。」呢句說話，喺慶生途中聽到應該會好掃興，但仲迷戀緊對方嘅小雯竟然因為下年仲有可能同對方食生日飯而感到高興，仲有啲期待對方下年會為佢揀一間靚餐廳慶祝。

最後蛋糕推出嚟時，男人無唱生日歌，亦都唔想同小雯合照，佢推托道：「今日我好劫唔想上鏡，你生日你先係主角，你自己影咪得囉。」男人講完繼續玩手機，但一臉不耐煩。當佢望到小雯雙眼通紅，佢表現得更為嫌棄，反問：「都唔知你想點，你估你生日真係大晒咩，我人都出現埋，你仲想我點呀，要唔要送㗎車送層樓畀你做生日禮物呀。」小雯搖頭，話有對方出現就足夠。男人就話：「咁咪係囉，我咁忙都出現，你快啲笑返啦。」

小雯雖然失望，但覺得男人肯為佢慶生已經好好。食完餐飯，男人主動提出佢請，小雯好驚喜，問男人之後會帶佢去邊玩。但男人就已好劫為由，就掉低小雯返屋企。小雯返到屋企，同住室友奇怪佢點解咁早返嚟，就問佢發生咩事。小雯雙眼通紅咁講返頭先發生嘅事，而室友越聽越覺得唔對路。而且佢亦火上心頭，但佢都按捺住怒火去聽小雯講，室友望住小雯悲傷嘅神情，除咗嬲仲好心酸。

當佢聽完小雯講一次個行程後，沉默一陣，問佢：「你肯定對

方係鍾意你？」小雯聽到呢個反問，一臉茫然，佢開始好認真思考呢個問題。明明係最重要嘅事，但小雯一直逃避去思考，或者其實佢自己都一早知道個答案，只係佢選擇逃避，佢選擇呃自己，所以佢每次諗到答案核心，都會為自己為對方製造藉口。

小雯：「佢同我慶生日喎。」小雯用一個好唔肯定嘅聲音講出呢個辯解，但室友睇得出，小雯好猶豫，佢自己其實都心知肚明對方係咪真係鍾意佢。但佢依然選擇掙扎一下，無人鍾意承認自己痴心錯付，唯有證明到對方真係鍾意自己，先唔算係枉費痴心。

室友：「係就係佢同你食咗餐生日飯，但嚴格嚟講只係你安排好晒，佢出席同畀錢咋喎，都唔算有咩表示......」小雯聽完後閉目，良久無出聲，佢其實明知事實就係咁，只係佢之前選擇呃自己，唔想承認。室友呢番說話一針見血，佢連辯解都諗唔到。

小雯雖然平時好樂於解答別人嘅感情問題，但當遇到自己問題時，佢就相當避忌。「你由我啦，我覺得無問題呀。」室友望

住小雯，佢唔明白，點解呢個人喺他人問題上咁精明，咁一針見血。但到自己身陷困局時，就好似完全無自覺，無咗另一個人咁。

喺合格線邊緣來回彈跳

「當局者迷，旁觀者清」係對小雯呢種情況嘅最簡單解釋。

小雯唔係唔知對方好大可能唔鍾意自己，佢一直都係被對方敷衍，但因為佢寧願相信自己喺對方心目中係有特殊位置。即使面對不利嘅跡象，仍然會堅持自己嘅幻想，唔願意接受可能嘅失望。

呢種自我欺騙嘅狀態會導致人們忽視那些明顯嘅警告信號，如對方的遲到、缺乏參與感，甚至是明確的言語提示。小雯選擇專注於男方願意與她共度時光這一事實，而忽略咗佢對這段關係嘅唔投入同唔認真。

其實個男人都無做錯啲咩，佢只係唔太鍾意小雯，佢無興趣同佢認真發展，但又可能覺得未至於要當面拒絕。

點先可叫醒裝睡的人

當一個人真心鍾意另一個人時，呢種感情往往係無法隱藏嘅。佢哋會自然而然地想要為對方做事，不僅僅係在物質上嘅付出，更多嘅係喺情感上、時間上嘅投入同關懷。

呢種付出係出於內心嘅願望，而唔係因為責任或外界壓力，要對方詐型先去做。

男人一嚟已經表面佢唔想付出啲咩，佢連準時出席都做唔到亦無歉意，但就一早表明佢連生日歌都唔會唱、而且就算餐飯唔係佢安排都好佢都會嫌三嫌四，嗰句「如果下年仲會同你食生日飯」，都表明其實佢對兩人將來唔太睇好，都算係界咗訊號要對方唔好太認真，只係小雯選擇無視呢個暗示；佢唔想同小雯合照，大概係唔想其他人，特別係其他女仔知佢幫小雯慶生；到最後請食飯

佢出錢大概都只係出於最基本禮儀。

其實如果發生喺其他人身上，小雯大概都可以一針見血地分析呢個情況。但偏偏佢身陷局中，佢嘅思考畀愛情蒙蔽住，佢無辦法做到理性嘅分析。但呢個情況係十分常見，不能怪佢，畢竟我哋本身就係感情嘅動物。正如前文所講，無乜人鍾意承認自己痴心錯付，亦無乜人鍾意面對意中人唔鍾意自己。當你承認你錯付感情時，即係你為對方所做嘅事全為白費。

喺愛情中，一個人可能會因為希望同對方有未來而忽略咗對方嘅行為同暗示。

你幫人 人幫你 接受他人意見並不可恥

當局者迷，個迷有時係迷戀幻象，迷失於虛假嘅美夢之中。當你可以客觀地睇下個情況，你就會明自己發生緊咩事。不過一個人對待自己嘅事能否好抽離地判斷，本身就非易事，因為抽離即係意味你唔投入感情，但感情事本身就係好需要你投入感情。

所以寄語所有愛情專家，偶爾都可以信下他人意見，求教他人亦無損你嘅公信力。無人可以對自己嘅事完全掌握，特別當你本人都被感情同愛情充分頭腦時，你有啲位都可以要聽吓第三方意見。當然啦，所有意見都係僅供參考，所有決定都係要靠自己。但所有事拎多幾個思考角度都總有好處。

　　愛情事有時真係會令人好迷失，特別係當涉及到自己嘅時候，即使平時理性分析嘅能力強，都可能會變得盲目。

　　最重要嘅係學習從經驗中成長，搵到一個平衡點，有時聽下人客觀意見真係會畀到新觀點你。

當　兵　誤　終　身

> 「不斷迎合對方，去到最後你都唔認得自己，連對方都搞唔清楚佢係咪同緊你拍拖。你只係勉強緊自己變成對方理想，一味委屈自己，唔會有幸福。」

　　朋友C有個拍拖多年嘅男朋友，但佢咁多年嚟佢都覺得，自己只係不斷迎合佢，而且隨住年月過去，呢種迎合好似越來越嚴重。

　　最近佢發現男友好鍾意韓星，雖然佢明白男友對韓星嘅鍾意，只係屬於偶像式迷戀。但佢都有種不安感，因為呢種不安驅使佢開始跟住韓星咁去打扮自己，連佢身邊朋友都對佢突然轉變打扮感到好出奇，都會問佢搞乜突然轉晒風格。

　　但改變打扮後，佢同男友關係無改善，而且自己亦越來越唔開

心同迷失。去到分手一刻，佢望住鏡入面陌生嘅自己，其實對方都無要求你改變，因為點樣改變都無用，相比於你勉強迎合，對方更加想分開。

失去獨有個性反而更可怕

勉強無幸福呢句說話係老土，但亦都係真理。愛情就係只要對方鍾意你，你脾氣臭對方都會視為有性格、你任性都會被看成自由奔放、就算你煮咗暗黑料理對方都會食得津津有味。相反佢唔鍾意你時，就算你拯救咗世界三次對方都會覺得係你多管閒事。你扶阿婆過馬路佢都會質疑你會唔會太粗魯可能整親老人家。唔知你有無試過對一個唔鍾意你嘅人投其所好？對方只會覺得你好煩。

有時當另一半問我鍾意佢點打扮時，我都會答：我鍾意人著出自己嘅風格，著自己鍾意嘅衣物打扮展現出佢獨有嘅自信。呢句

說話唔係啲咩官腔答案，唔係啲咩油腔滑調，而係我真心說話。相比於人哋著出我欣賞嘅風格，我更欣賞人有自己風格。當然呢個只係我個人口味，我依然認識有啲人係會對另一半著咩衫好多意見好多要求，不過呢個真係各有口味，無乜對錯。

我覺得穿衣打扮都幾反映嗰個人嘅性格，我鍾意得嗰個人，就自然連佢性格都鍾意。

早排睇新聞，見到有位三十歲女士講自己進行過大大小小嘅整容手術逾百次，而家成為咗美容院老闆嘅佢，憶述佢最初係因為被當時男友嫌棄所以先開始整容。

我睇完之後好有感觸，整容可以令你變靚啲，但唔代表你變靚咗就係成功取悅到對方。佢要搵嘢去抨擊你，一樣可以嫌棄完你外表後，繼續嫌棄其他嘢。佢可以嫌棄你花太多錢整容，又可以

嫌棄你無主見畀人講兩句就整容。所以我成日都覺得，做返自己忠於自己風格，好過成日諗住點取悅對方。

呢個世界之所以有趣，就因為大家都有不同性格，忠於自己有時就係最可愛。當然唔係叫你明知有地方需要改善，你都格硬話自己個性部分不作改變啦。但改善自己嘅出發點，最好係出於為自己好，而非為取悅他人。人就永遠都有進步空間，但唔代表你要因為對方一句就全盤推翻自己，要為對方作出大改造。

亦因為咁，勉強為咗迎合他人喜好，改變自己性格呀風格呀都係唔可行。你除咗自己唔開心，都唔會迎合到對方嘅口味。好快佢就會覺得唔對路，會心生嫌棄。而最大問題，係你都會嫌棄你自己。

要被愛 先要學識愛自己

愛情從來都需要磨合同妥協，但就絕對唔係叫你一面主動迎合對方所有喜好。

大家係可以有某程度上為對方改變，特別係缺點，為對方或為自己去改變缺點，大家一齊成為一個更好嘅人，咁係好事。

但呢種改變絕對唔可以係單方面進行，應該係一齊都為大家去作出改變，每個人總有優點同缺點，而喺交往過程中，呢啲缺點就更易浮現。所以得到對方提點去作出改善，就會令到雙方都有進步同得著。但如果永遠只係由一方要求另一方去改變，咁就只係造就咗一段唔對等唔愉快嘅關係。

如果一齊嘅條件係對方要你不斷改變，變到面目全非，其實你都唔需要點考慮仲一唔一齊，因為你係點改變都唔會達

到佢心目中嘅理想。

佢愛嘅始終都唔係你，只係佢自己心目中唔存在嘅幻象，無謂屈就自己變成幻象。

愛情應該係兩個人一齊成長，互相支持，而唔係一個人犧牲自己去滿足另一個人。

記住，愛自己同樣重要。偶爾睇到新聞，見到有人因為痴心錯付，出錢出力後發現對方根本唔鍾意自己而傷心欲絕，甚至有人會走上絕路。我同對方雖然素未謀面但都會覺得傷心。

希望大家記住，愛人前先要愛自己，如果對方真係愛你，佢唔會要你不顧自身能力去付出一切，如果對方對你只係不斷苟索將你榨乾榨淨，呢啲唔係愛。

HUMAN OBSERVATION

只要我冇道德
就唔可以道德綁架我

「你嘅弱點同脆弱唔應該成為你伴侶嘅武器，遇到呢啲不斷想操縱你嘅伴侶，你要諗清楚自己係拍緊拖定成為咗人哋嘅扯線木偶。」

　　網友F除咗同家人關係疏離，曾被背叛成陌路人外。佢一生中經歷過幾次唔如意愛情，亦因為喺不同關係累積咗好多不安同自卑後，佢成為咗一個好焦慮嘅人，佢永遠都會質疑自己係咪做得唔夠好，對住朋友如是，對住同事如是，對住伴侶更如是。

　　其他人唔明，點解佢做人要咁小心翼翼，要咁卑躬屈膝。F有時會話，體會唔到佢心情嘅人都係幸運，因為佢哋未試過被遺棄。就係因為佢試過被遺棄，佢亦唔想再試到呢個滋味。佢覺得如果委屈自己，可以換嚟不再被遺棄，咁都算係好化算呀。

　　你唔需要對佢有好深入了解，都會睇得出佢係一個好無安全感嘅人，而佢嘅情人對佢係最親密，就當然更體會到佢有幾不安。

心理操控嘅陷阱

當你以為佢嘅伴侶會因為佢咁不安同焦慮而多加體諒時，事實係相反。對方好鍾意針對佢嘅弱點去攻擊：「乜你份人咁無用㗎，無咗我就咩都做唔好。」、「好彩我唔似你啲前度咁嫌棄你咋，你遇上我真係好彩。」總之就不斷強調我朋友咩都做唔好，唯一做得好嘅事就係揀咗佢做伴侶。

「喂我平時返工好辛苦啦，我一時周轉不靈要問你啲朋友借錢咋嘛，你咁都管我做咩？」當網友F第一次發現伴侶向佢身邊朋友借錢時，對方第一時間無否認，而係直接將過錯推落佢身上。

朋友當時好驚，佢好驚會係咪自己做得唔夠好對方先要去搵第二個，會唔會因為其他人更好，對方會因此離棄佢？朋友越諗就越驚，真係差啲同對方道歉。

而對方看得出佢嘅焦慮同猶豫，再下一城：「我要借錢係因為你大洗，我返工好辛苦㗎，我問你啲朋友借係因為佢哋都知你有幾大洗，佢哋明我苦況呀嘛。」網友F聽完之後，更覺得係自己問題，原來係出於佢大洗，仲連累埋其他朋友

承受佢嘅錯，佢好過意唔去。

伴侶見自己攻擊湊效，就同網友F講：「算啦，筆數我會自己搞掂喇啦，我明你係擔心你朋友。但我係你最愛嘅人，點會害你先，放心啦，你以後慳啲洗我就唔會再需要借錢㗎啦。」網友F聽完信到十足，佢暗自立誓，以後要為咗兩人將來更慳錢，同佢都準備努力儲錢去還錢畀佢朋友。

網友嘅其他朋友知道呢件事後，當然大發雷霆，因為擺到明有不妥，對網友F不妥，對借咗錢嘅朋友更為不妥。佢哋即時向網友F伴侶大興問罪之師，網友伴侶只係講咗句：「放心啦錢我一定會還，你哋咁鍾意管，不如管下自己朋友先啦，成日咁大洗，搞到我都用晒啲錢要借錢啦。」

其實公道講句，網友F唔算大洗，佢大部份洗費都係自己負責，唔係成日都要伴侶出晒。相反伴侶財政就好有問題，心水清嘅人都會睇得出，問題係出於邊個身上。唯獨網友一人仲喺度怪責緊自己大洗，怪責緊自己連累咁多朋友，怪責自己令伴侶受到委屈，總之所有嘢都係自己錯。

到網友F同伴侶分手一刻，伴侶都無點還過錢畀嗰位朋友。債務最後由網友自己一力承擔緊，本身畀人拋棄已經令佢心碎，但佢都覺得對方無錯，係佢唔夠好先會畀人拋棄；而債務本身都係因佢大洗而起，所以由佢承擔都好合理。

直到後來，網友F偶爾同我分享呢件事時，我好努力同佢分析返前因後果，想佢明白從來錯都不在佢，佢遇到嘅情況叫做gaslighting （煤氣燈效應），佢因為自尊心低，又缺愛，喺錯誤嘅對象身上求愛時，畀人操控同利用。只有網友F明白到呢個問題時，佢先可以喺之後嘅愛情中唔再被gaslight。

愛與操控：辨識關係中嘅Gaslighting

近年好興講Gaslighting，呢個名詞出處好有趣。佢本身係出自Patrick Hamilton 嘅劇作 Gas Light，簡單嚟講劇情講到於維多利亞時代，有一個平時表文溫文爾雅嘅好丈夫，透過將煤氣燈嘅光源整到時光時暗，而當妻子察覺時，佢就堅持無咁嘅事，只係妻子幻想出嚟。

妻子長期受到質疑，就會懷疑自己的記憶力、感知力或判

斷力，最終在精神上完全受到對方嘅控制。

Gaslighting嘅特點包括慣性說謊、否定對方感受、刻意隔離對方和他人關係、重複式洗腦等行為。

受害者可能會出現自我懷疑、焦慮、抑鬱、社交恐懼等症狀，嚴重時甚至可能導致精神健康問題。

現代社會無人用煤氣燈，如果故事設定喺現代，都可能會變咗丈夫用手機app操控啲智能家具去迫到個妻子出現精神問題。不過可以講嘅係，由上世紀40年代，或者更遠古之前，直到今年2024年，伴侶gaslighting都係常見嘅事。呢排我哋成日講red flag，即係有咩係關係警號。近年好多新聞上例子都會提到gaslighting，例如有天王巨星離婚，前妻指控對方gaslighting心理虐待佢。大眾開始認識到呢個術語，而不少媒體同作家等都會以此警告世人此為關係red flag，叫大家慎防唔好行入陷阱。

特別係對一啲本身有焦慮問題特別缺愛嘅人，gaslighting係更

為有效。網友就係其中一個gaslighting嘅最佳例子，你會發覺佢件伴侶每次都會強調佢有幾差，而伴侶嘅角色就係對一個咁糟糕嘅人，都肯無私付出嘅唯一救贖。

總之所有錯誤都係網友錯，你話對一個心靈堅定嘅人，呢種把戲未必湊效。但對一個本身已經有嚴重自卑焦慮問題嘅人嚟講，呢種操控就好有用，因為佢係肯定咗自卑嘅人心中最大弱點。佢本身都已經覺得自己好差，當你再加把咀去同佢講：「係呀你真係好差呀。」對方一定會信晒，全無懷疑。而你之後對佢嘅各種操控，各種謊言，無論喺他人眼中有幾荒謬都好，喺受害者眼中就會變得合理。

真正愛你嘅人係唔會攻擊你

各位熱愛中蜜運嘅朋友啊，大家就算覺得幾愛對方都好，都記住唔好愛到無咗自己。咩係無咗自己？就係將你嘅一切悲喜感覺同所有決定都交由晒對方去負責，因為當你遇人不淑時，你就肯定會身陷gaslighting。

記住愛你嘅人唔會想一味踩低你，佢作出批評時係期望你

變好，而唔會要你咩都聽晒佢講。真係愛你嘅人唔會不斷踩低你，佢唔會利用你嘅不安去操控你；佢唔會利用你嘅焦慮去攻擊你；佢唔會利用你嘅自卑去迫你作出違心承諾。

　　佢唔會一味挑撥你嘅焦慮，佢會同你一齊克服焦慮，而唔會利用你嘅焦慮而獲得好處。我信就算再理智再堅強嘅人，喺愛情中都會有軟弱一刻，而壞人就往往會把握你最軟弱一刻加以利用。所以你要記住，如果有日你畀人利用到弱點，唔係你嘅錯。任何人都有軟弱時候，只係你咁啱遇到唔好嘅人，錯不在你向對方示弱。

　　大家都有機會遇人不淑，盡量提高警覺，盡力去保護好自己。

學 識 獨 處 先 識 相 處

「愛情係兩個人如何相處嘅學問，但你一日未學識獨處，你未夠了解自己，就好難喺相處時攞到平衡。」

　　女性友人A有個拍咗幾年拖嘅男友，以前成日鬧交，鬧到旁人都擔心佢哋幾時會分手。有多管閒事者調解，發現問題係兩人喜好唔同，成日喺你陪我做我喜歡嘅事，定我陪你去做你感興趣嘅活動上鬧一餐。佢哋係會計住今次我陪咗你，點解你無陪我，我有懷疑過佢哋係會開埋個excel去紀錄，每月計返個「收支平衡」，會拎住條數質問對方，點解佢今個月你陪我三次，我就要陪你五次，唔啱數喎。成日計較呢樣嘢當然好攰，當然好影響心情。

　　直至A領悟到拍拖其實都唔一定要咩事都一齊進行，佢同男友開始協調，喺咩活動上可以各自進行。例如A會自己學整陶瓷，男友就搵朋友潛水。各有各玩，留返啲空間畀大家。

　　A喺單獨學習整陶瓷時，發現呢個獨處空間畀佢專心面對自己，佢發現到好多平日同男友相處上問題，係源自佢未夠了解自己。佢專注喺整嘢嘅途中，覺得個世界好平靜，亦覺得自己心境好平和。佢開始反思返自己人生嘅好多事，包括同他人嘅關係，漸漸佢覺得有啲執著都係唔重要。

　　喺唔勉強對方陪自己時，佢哋發現喺相處嘅時間更實在，係真正屬於兩人嘅時光。

「時間管理大師」

　　人人各有期望，各有喜好，但唯一共通點係，大家一日都係得廿四小時。點運用有限嘅時間，特別係兩人點共用呢啲時間，係一個學問。

　　相比妥協就對方，又或者要對方妥協就自己，何不嘗試下各自獨處，去發展自己想做嘅事。你想睇某個舞台劇，但對方根本無興趣，你咪自己去睇，舞台劇完咗未必會重現，你緊係自己去享

受先，如果因為呢啲事錯失機會，盞日後埋怨對方。對方唔想陪你睇，你咪入場前同對方食個晚飯，之後各自享受自己嘅時間。

有啲人可能會話：我另一半好多興趣，但我就無乜興趣，搞到佢成日去咗玩留低我一個人好悶咁。

呢個時候，你唔應該埋怨對方多興趣，而係應該學下點樣喺無人陪之外，需要獨處時，尋找一下發展一下各種興趣，又或者搵啲嘢學習下。

一個人去食飯又有咩好怕喎

好多時你覺得自己獨處唔到都係一個幻象，相信你好難搵到一個人會24小時都得閒陪住你，你總會有需要獨處嘅時間。

而獨處其實有好多好處，你可以自己去食啲平時無人陪你食嘅嘢、你可以自己睇下劇睇下書、你可以同自己傾吓偈。好多時你可能好了解你另一半，你自覺對佢嘅諗法習慣行為

都好熟悉，但你同對方依然會有好多爭拗。

　　咁係因為你可能好了解對方，但你唔夠了解自己，你唔夠了解當你不自覺地講咗某啲說話、做咗某啲事後，對方先會再出相關反應。當你只係專注於對方嘅言行，但唔夠留意自己嘅言行，就好容易令關係陷入困境。

　　但當你留有足夠空間，抽離少少去思考下大家平日相處，就不難發現好多時問題都係出於互動，而好少真係一方錯晒。當你用獨處時間去發展下自己喜好，了解下自己長處短處時，你就會成為一個更好更獨立嘅人。

　　而相方喺接下來相處之時，就可以更專注於段關係之上。而同時唔洗陪嚟陪去屈就妥協下，大家心情都會更好，一舉兩得。

同初戀結婚未必係童話故事

「同初戀結婚聽落就好理想，但大家都喺完全無經歷過其他愛情就共渡餘生，喺之後面對咁多引誘係咪一定會把持得住？」

　　K同我講，佢另一半就係佢初戀情人，最初我以為佢係想同我講HPV針嘅重要性，但原來K係同我講，佢發現佢嘅另一半，喺大家連埋拍拖一齊咗十幾年之後，受唔住誘惑有外遇。我都識佢另一半，印象中都係一個幾敦厚嘅人，平時老老實實咁，興趣都係打波跑步行山。K話：「佢咪就係搭上咗個做運動識嘅人。」我唔知講咩好，K苦笑：「我仲生勾勾企喺度咋，如果唔喺度，第三者可能就會登堂入室做咗何太。」我答K我好少睇電視，唔太清楚咩何伯何太發生咩事，不過都好理解佢又幾嬲幾傷心。

　　K話：「我當然好嬲好傷心，佢同我講佢咁受唔住誘惑，因為

嚴格嚟講佢除咗我之外，根本未試過同其他人一齊。佢話知呢個唔係求情原因，但我理解佢係一個無乜愛情經驗嘅人。」當然理解唔代表體諒甚至原諒，理解只係理性上明白點解佢咁做，但感情上K絕對唔會體諒，因為佢自己夠有係除咗對方未拍過拖啦，佢夠面對住好多誘惑啦，但佢都可以堅守住——拒絕，為愛情而忠貞。佢唔會體諒對方唔違諾。

K同我講，佢以前成日同人講佢係童話主角，但原來唔係，呢個世界上可能無童話。我問K咁佢打算點，佢話佢都唔知，佢自己都好亂，因為同樣地佢都無經歷過其他愛情，佢無其他經驗可以畀佢參考到。

佢另一半第一次出軌，佢亦係第一次發現到另一半出軌。

已婚 但同A0冇分別

K話佢同另一半講，唔好期望佢會理解到，因為佢都係無乜愛

情經驗嘅人，大家都只係一張白紙。佢另一半當然充就期望得到K原諒，但K不斷強調佢其實都唔知點算好，佢反問我應該點算好。我唔識答佢，我話呢啲事我好難畀到意見，不過你可以諗下你呢一刻最期望喺對方身上得到咩回應。

反正愛情嘅嘢，對錯是非都好主觀，我覺得不能接受嘅事，其他人可能又可以一笑置之。與其係我覺得應該點做，最緊要係K搞清楚自己想要咩。原諒與否分開與否，後果都係要自己面對。所以呢類決定真係記緊唔好太依賴他人幫你去做。記住他人諗法真係唔重要，最重要係自己想點。

K答我，佢真係唔知，因為佢真係無戀愛經驗。寫到呢度時，K都未同我講返佢最後有無原諒佢另一半，但佢呢次經歷令我明白到，初戀直接結婚未必係咁童話化。

戀愛經驗多少唔代表到一個人有幾成熟，但有時會影響到一個

人有對抗誘惑嘅抗性。因為未知永遠都存在住誘惑，當你好多嘢都未試過時，就好易會想試。當然呢種嘗試好可能會令你失去好多嘢，包括你破壞咗你同你另一半關係，背叛對方信任，最後仲可能令一段多年感情毀於一旦。但有啲人抵受唔住未知嘅誘惑時，都依然願意去冒呢個險。

發覺呢啲情況都幾易發生喺初戀即結婚嘅情侶身上，因為佢哋戀愛經驗為一，只得一次。

童話故事中冇講到柴米油鹽

除咗另一半之外，佢哋基本上算係無乜戀愛過。佢哋拍拖經歷只係得一個人，當遇到誘惑時，就好易唔知點處理。

因為佢哋無乜其他經驗作為參考。「同一個人天荒地老」，聽落當然好理想好美好。但背後可能係有好多日積月累嘅問題，年少時嘅山盟海誓，去到一齊咗十幾年時，你仲係咪

可以一一實現，都係一個問題。

人會長大，經歷會令你改變。有變好亦有變差，當雙方各自成長後，仲可唔可以好似以前咁相處，都好難講。好多生活上嘅分歧，就係嚟自各自成長後，大家睇法再唔一致，好多嘢以前覺得無問題，去到呢刻就好似好唔順眼咁。有人會選擇大家拎出嚟講，有咩唔啱咪講到啱。

但耐何好多事都係唔會講到大家啱，講到對方會接受。呢樣嘢好無奈，但人同人之間本就係各有思想睇法，相處多年都唔代表會同化。

剛一齊嗰陣仲係少年，有少年嘅熱情；到一齊咗一段時間，步入中年後，又有中年人嘅憂慮。如何喺生活重擔下令愛情時刻都保到鮮，絕對唔係易事。當你哋愛情無做好保鮮時，又遇上外來問題，真正係外憂內患，童話故事通常都會係以

Happily Ever After作結，好少會講到王子公主婚後問題，你好少聽到童話故事會講王子因為供樓壓力悶悶不樂；公主因為要做家務湊仔而無晒私人時間；亦好少會講到王子同公主係初戀，但十年後王子再遇上別國公主邀請到城堡夜半一聚咁。但呢啲係現實生活就時有發生啊。

當然，要抗拒誘惑，好多時唔一定要親自嘗試，好好咁經營本身段關係都好重要。既然咁好彩，第一次戀愛就遇上到想共渡餘生嘅人，何不好好去守護呢段關係呢。做人真係唔好為咗一時之快，輸咗啲更重要嘅嘢。做錯事真係唔係下下都好彩有對方肯體諒的。

未經歷過嘅未知數永遠都吸引，難保你哋多年嘅感情會不敵於呢啲可能性。

交 友 A p p ， 膠 友 A p p

「交友App大概係人類最諷刺嘅發明，用嘅人多數都唔係為咗交友，只係無奈地同對方發展唔到而成為朋友；明明想尋找真愛，但偏偏喺App上見盡背叛同謊言，用得越耐越反而懷疑真愛係咪確實存在。」

讀者C同我講，佢平時生活圈子好難識到另一半，所以佢就開始用交友App，點知交友App成為佢惡夢嘅開始：「唔知係咪我問題，我喺上面識咗幾個都係已婚，我明明講咗我想正經搵個另一半去發展，我唔係為咗同人玩玩吓先交往，佢哋都夠膽嚟撩我。」

C好唔明，點解佢都係正正經經想交友，但其他人就好似以交配為目標。C忿忿不平話：「喂大佬我講到明想搵長期拍拖對象，試過有個人都叫做大家交往一排，但佢有日竟然問我：會唔會大家試吓夾唔夾先一齊會好啲。我反問佢佢想點試，佢答

我越深入越好，我以為佢指佢想交換心事嗰類啦，點知我用心打
咗段字後，佢就講一句我唔明佢意思，之後就無再應我。我唔係
唔明佢意思呀，係佢唔明我意思呀，我一開始都寫到明唔想
玩玩吓，我係想認真拍拖呀。」

　　我安慰佢，未必有咁男人係咁，交友App上有咁多人，可能
係未遇到真愛。佢反問我：「當我連續幾個遇到都係一心嚟
出軌嘅人，你覺得我仲會有信心喺度搵到真愛？就當我好彩
喺度識到人交往，我都會擔心佢第日會唔會用呢個App嚟出
軌呀。」我諗唔到咩去安慰佢，事實上，我都唔太肯定佢講
嘅事最終會唔會發生。

只要係匿名 人性就被無限放大

　　事實上，當你打開交友App，特別係匿名嗰啲，有啲人開宗
明義係想搵人發生婚外情或出軌，如果你咁啱係經歷完失戀之
類嘅事，你睇到呢啲景象，只會更加唔開心。C同樣地經歷過唔
好嘅愛情經歷，佢想走出陰影，但交友App上唔同人嘅簡介，

就好似不斷提醒緊佢過往嘅陰影。C同我講佢陷於兩難，一方面佢好想脫單，但奈何交友App基本上就係佢唯一脫單途徑。

C每次感到空虛，想搵個人定落嚟時，佢就唯有不太情願地打開個交友App，繼續一場漫無目的嘅遠征。覺得啱嘅人留低，連眼緣都唔合嘅人就未接觸就再見。但其實所謂啱嘅人九成最後都係唔啱，幾合眼緣幾好，好多人一傾就知大家根本唔夾，C覺得呢個過程好劫好折磨。

我問C點解唔試吓參加多啲活動識多啲人，C反問我有咩活動係最適合畀人搵到另一半，我諗唔到，佢話：我份人都無乜興趣，你叫我格硬搵啲活動去參加，我不如繼續用個App去試下運氣好過。我同C講，唔係喎而家市面上仲有啲配對計劃，可能一班人出嚟食過飯，大家一開始就係坐低交流，起碼唔洗估對方張相同真人有幾成似先呀。C同我講，佢覺得同唔識嘅人一齊食飯一樣係折磨，一諗起大家如果無言以對有幾尷尬，或者格硬諗話題去填滿 dead air 亦都一樣尷尬。而最重要係，C覺得大家現實見面

都未必代表大家係坦誠相見，可能一樣好多大話。

我無言以對，C認為現實識都未必保證到佢哋係誠實，其實向好方面睇，App上面啲人如果肯誠實表現自己意圖，其實係咪變相令我唔需要浪費時間同心機去識佢哋？

我答C，佢如果咁正面去睇都係好事，不過我都係提醒佢呢個世界本身就有唔同人，App如是邊度都如是，所以愛情係好講運氣。當然我都好希望佢係好運嗰個，及早遇到如意對象。

之後C好似有繼續喺交友App上尋覓對象，試過同幾個人發展，但都未行到最後，衷心祝福C，同喺App上尋拎緊真愛嘅每一位，及早搵到真心對象。不至於對愛情失去信心。

六合彩唔中？下次再買過囉

先要講明，我喺從唔同讀者口中聽過，佢哋有唔少人成功喺交

友App上識到另一半，但問題係你有無佢哋咁好彩姐。

有讀者同我講過，佢玩交友App只係約過三個人出嚟，第一個大家覺得唔夾但做咗好多朋友，第二個介紹埋工畀佢做變咗同事，而第三個就成為咗另一半仲訂埋婚。佢喺交友App上同時獲得友情工作同愛情，真係令人好生羨慕。而好似呢位讀者咁好彩嘅又真係大有人在，間唔中都會有讀者同我講佢哋會同App上識嘅人結婚。我雖然無畀到人情，但每次都好開心地送上最真誠嘅祝福。

有時打開交友App，特別係匿名嗰個，見到啲人夫人妻招玩伴，呢個當然係佢哋自由，我唔係佢哋另一半都無資格講咩。但我就會諗，如果你玩交友App係想搵共渡餘生嘅人，見住成個App上面都係咁多尋求出軌對象嘅人，會唔會好驚呢，會即時刪App呢。

因為當你望住上面好多人都唔專一時，會唔會令到你以為全世界大部份人都係咁。問題係App上嘅大部份人只係反映住現實嘅

小部份人，但當你成日流連交友App時，你可能就會產生錯覺，覺得個世界就係咁。

我有時會勸用緊交友App尋求真愛嘅人，唔好太悲觀，交友App只係社會縮影，有人鍾意出軌，亦都有人係想從一而終，係睇你好唔好彩搵唔搵到。有次有位朋友可以喺交友App上識到另一半，其他人問佢有咩秘訣，朋友只係話多做好事多說好話得閒扶吓阿婆過馬路咁，做多啲善行睇吓會唔會改善到運氣，或者感動到上帝咁。

因為遇唔遇到真愛真係單純講運，玩交友App講運，你去Speed Dating都講運，無乜秘訣幫到你。

當然，同現實一樣，交友App本身只係提供多一個途徑畀你去識人，佢只係一樣工具，但如果你本身係未夠運搵到另一半，交友App係唔會令你增強運氣。

美圖獸獸之照騙

而另一樣我覺得交友App最影響人自信，從而損害你交友發展，就係佢會增強你容貌焦慮。

大部分交友App最大問題，就係你一嚟都係單靠以貌取人，睇吓對方長相合唔合你眼緣。但係唔合眼緣可能只係相片問題，畢竟相片同真人都有差距。但你又諗吓，你某啲前任吸引你之處，又未必係長相，可能係佢性格又或者某啲長處吸引到你。

但交友App一開始就只係畀你以貌取人，你自己就會錯過咗好多有潛在特質吸引到你嘅人。亦有聽過一位樣貌絹好嘅朋友講過，佢交友App畀一班只係受佢外表吸引嘅人淹沒住，到佢想認真搵一個人交流時，就發現如大海撈針咁，佢耐性一路被消磨。不論係邊種情況，交友App一開始就單用外貌去畀大家選擇對象，好多時都好難搵到個性格都夾嘅人。

但長期搵唔到咩人係夾到之下，你就會開始懷疑自己信心。

另外，用匿名App問題更大，當大家喺唔知對方長相下傾咗一段時間，你自然會對對方長相有幻想同有期望，當然真係傳相片一刻，幻想好易破滅，有啲人仲可能會口出惡言，令你更無自信。我覺得交友App係一樣充滿矛盾嘅產物，你玩得呢個App，必需要有強大信心。你信心要大到就算畀人鬧完之後，你都可以一笑置之，你要明知對方只係性格卑鄙先會出言不遜去人身攻擊你，你唔會因此而唔開心，因為他人一句惡言幾日都瞓唔到覺，又或者因此唔敢再認識新嘅人。你要自信到唔會因為他人一句不負責任惡言而感到焦慮同悲傷，其實真係唔容易。

但如果你本身有強大信心，你喺現實去識到人嘅機率，其他仲大過用交友App去識人。所以我會勸呢刻信心不足嘅朋友，先遠離呢個App。

邊一個發明了返工

HUMAN
OBSERVATION

CHAPTER 04

朋友係朋友，同事還同事，兩樣嘢嚟

「人際關係有好多種，同事同朋友兩個身份可以共存，但就唔係必定會共存。」

有時你當對方係好友，其實對方只係當你同事。

網友Janice（化名）向我訴苦，話唔知點解一離職後，以前好friend嘅同事就無晒聯絡，就算佢做主動約其他人，但對方都好冷淡。佢唔明點解以前一齊拼博，共同進退嘅戰友，原來一唔喺同一間公司，大家就連朋友都唔係。

Janice同我講，佢同佢班舊同事，本身真係好close，每日一齊叮飯食，放工一齊行街。佢以為呢班舊同事，會係繼佢嘅中學同學之後，另一班最親最有凝聚力嘅人。亦因為咁喺佢決定轉新工時，佢拎住散水餅喊到眼紅紅咁同呢班好戰友講再見，

大家都好依依不捨。剩係喺公司門口影相都影咗幾十張，平時平平無奇嘅接待處，喺離別之日好似顯得份外親切。

班同事同Janice講，等佢新工安頓好大家要一齊食飯。點知到Janice試用期都過埋，呢餐飯都無約到。每次佢想主動約其他人時，都會被以忙碌為由推卻。佢有諗過搵日拎打西餅上去探舊同事，但又覺得好似做到呢步先可以見返佢哋好無謂，佢好心灰意冷咁問我，點解辭咗職大家就唔係朋友，唔通佢哋以前培養落嘅感情都係假？

我答Janice，好多關係都係咁，當你日日都見住當然唔洗點花心思去維繫，但當情況有變時，大家可能會喺心中再審視反省一下大家其實係咪真係咁親密，係咪咁夾，定只係環境使然。

打工仔一星期七日中最少五日，每日八、九個鐘會留喺公司，見同事仲多過見家人朋友，大家一齊食飯一齊OT，自然好易

親近。但當大家唔再係同事時，呢種親密係咪一定會延續落去呢？你可能會覺得無可能啦，我而家同我班好戰友一個星期五日，日日一齊食晏，有時放工又會一齊睇戲，有演唱會飛又齊齊搶齊齊睇。如果大家假期夾到，仲會一齊去個短trip食嘢買嘢，連我哋老細見到咁親密無間都話眼冤喎。我哋唔止係同事嚟，我哋仲係見對方多過見家人嘅戰友嚟，就算唔喺同一間公司時，我哋都仲會係好朋友。

當大家唔再係同事，無晒平時主要共同話題，即係以前講下老細講下同事時，到而家大家工作環境都唔同，大家係咪真係仲有咁多共同話題延續段友情落去呢？當無嘢可交流，大家少搵大家，身份逐漸變成舊同事而無昇華成朋友，其實都好常見。

當你有日離開公司，發現以前熱鬧嘅同事群組已經無乜人講嘢，大家明明以前日日都一齊食晏，但當你想約食飯時都發覺其他人興趣不大，唔需要太傷心，因為咁係好正常。

因為大家唔再困喺同一個地方，一定要同嗰班人相處時。好多以前因為強制性嘅相處而產生嘅團結自然會瓦解，唔太夾嘅人會發現大家其實只要無咗公事作共同話題，大家就真係好唔夾，嘅然唔夾又無乜嘢講咪唔私下再見囉。餐飯約極都唔成唔係你嘅錯，亦都唔係其他人嘅錯，只係有時世事就係咁。

淡化只係自然因素 唔係人為

當你回想起，你對舊同事個人層面其實所知唔多，都係最表面交流。

以前你哋看似無所不談，你哋共事時，每天都有許多共同話題，例如工作、老闆、同事等。但一旦你離開公司，呢啲共同話題就減少了。大家嘅日常生活同環境也不再相同，所以交流嘅機會變少。

你哋曾一起拼博、共同進退，呢啲共同經歷在建立友情時非常

重要。但當你哋唔再係同事，呢啲共同經歷嘅連結亦會逐漸淡化。大家看似關係好好，但你知道作為同事好多時都有利益衝突，所以你哋之間嘅交流其實都好有顧忌。

就係呢啲看似頻密但又只圍繞工作嘅交流，令你哋無咗工作呢個橋樑後，大家就無一個中間點去聯繫，所以舊同事只係單純舊同事，大家無成為朋友。

將唔同人劃成唔同圈中 係一件好正常嘅事

每個人對友情嘅期望不同。有啲人認為工作中嘅朋友是真正嘅朋友，而有啲人會同人保持距離，避免在工作中建立太深嘅關係。當你離開公司後，你會發現有啲人可能唔再主動聯絡你，呢個並唔係佢哋嘅錯。

但唔係朋友咪唔係朋友囉，成到朋友當然開心，但成唔到都唔使勉強。當大家食完件散水餅，影完張合照後，就可能會變做一

年只講一次生日快樂，新年講新年快樂嘅關係，不過唔緊要的，你仲會喺其他地方遇到好多新相識。

喺離職時只要同其他人好來好去，係咪朋友都唔重要。反正你會有工作以外嘅朋友，對方都係。以前離職啲人好鍾意講「江湖再見」，我成日都會諗點解要咁講，係因為山水有相逢，特別某啲行業行頭好窄，你同舊同事喺另一間公司再見機會都好大。

同舊同事不成朋友唔緊要，唔係敵人就好。他日喺其他公司再遇時，你都起碼知道自己多一個可以信賴嘅人。

HUMAN OBSERVATION

最 忌 做 自 信 _ ？

> 「工作中無自信係問題，太有自信又係問題。無自信會令到自己做咩都畏首畏尾，太有自信又會爭住做一定超出自己能力範圍嘅事，如何去恰到好處地展現自信，係大家需要學習嘅事。」

朋友小花（化名）喺我眼中係一個有幾多優點嘅人，做事努力細心又勤奮。如果真係要數佢有咩缺點的話，可能係佢實在係佢唔夠自信，好多時都未開始進行一件事，佢已經開始否定自己。

成日畀人Judge到冇自信

「唉死啦，老細今日話我做嘢好慢，佢問我可唔可以做快少少。」我問小花，點解佢做嘢做得慢，之後佢同我解釋咗成個工作流程，由於唔想出錯，所以每個工作程序佢都好小心翼翼。

佢唔介意收工仲要OT，亦唔介意要比其他人花更多時間去完成工作，但問題係，喺老細眼中，佢單純係手腳慢先要搞到咁晏。

但佢又唔識得點同老細解釋返自己係如何工作。

而因為佢缺乏自信，就連佢自己都以為自己真係單純做嘢太慢先要遲收工，但如果佢有多啲自信，佢就可以理直氣壯地同老細講。唔係佢做嘢慢，而係喺繁重工作中，佢都依然願意遲收工，花更多時間去做好每一件事，確保唔出錯，唔會影響到其他同事進度。如果小花較有自信，知道自己多啲優點，件事講出到嚟就會好唔同。所以我畀小花建議係，多啲認識自己優點，多啲信任自己。

先前都可以同我解釋咗成個工作流程，不妨大膽同有信心地同老細一模一樣轉述返，見到一臉躊躇滿志嘅人侃侃而談，就算佢想鬧你，佢都會諗諗先。

「呢間公司冇咗我你話點算」

而同時間，有另一個朋友又向我訴苦，佢叫阿聰(化名)，佢係我十幾年朋友，我從來都唔需要擔心佢唔夠自信，相反，我一直比較擔心佢太有自信。

我好驚佢會因此撞板，不過大家都係成年人，其實都擔心唔到咁多。而阿聰有日向我訴苦，佢問我：「能者多勞好正常姐，我唔明點解我做埋佢哋嗰份，班同事都會唔鍾意我。」我即時問阿聰：「你所謂做埋人嗰份，係指人哋有困難要幫手時你先幫手，定單純你睇唔過眼人哋工作方式，主動搶埋人哋份嘢嚟做。」

阿聰好不屑地話：「兩者有咩分別？總之結果咪就係我解決好件事，佢哋出少啲力唔係仲好咩？如果有人肯幫我做埋我嗰份我又唔介意呀，只係無人有我咁叻咋嘛。」我同阿聰講：「不如你聽吓自己講咩，如果有日你聽到有人咁評價你，話你工作能力低呀，我主動做埋你嗰份呀，你會唔會樂意聽先？如果連你都覺得難聽，你就明人哋係點睇你。」

再細問落去，阿聰平日的確好鍾意越界插手他人工作，佢根本就唔介意人哋點睇佢，佢只係覺得只要件事出嚟結果好，工作過程係點都無所謂。

而最重要係，佢覺得自己係好叻，係天選之人，上司有佢呢種叻人係福份。我唔知佢上司係點睇佢，但我又唔覺得佢仕途算好平穩經常受賞識。但我可以肯定係，佢啲同事一定

好唔鍾意佢呢個行為，佢同同事勢成水火已經係公司內人所皆知嘅事。而我最質疑之處係，同事係咪真係如阿聰口中所講如此無能，真係要靠大哥佢發威去打救，定其實只係佢好管閒事，又或者係佢上司唔敢向佢委以重任投閒置散，佢先咁得閒去插手他人之事？

我語重心詳同阿聰講：「返工都係一種群體活動，獨力難撐，不如你試吓努力做好自己手頭上工作，如果真係有時間剩，你就拎嗰啲時間再做好你嘅事。既然你認為你平時做嘢有一百分，咁你再努力啲咪有二百分，咁樣你老細一定開心啦。至於其他人做成點，你咪由佢哋自己發揮同承擔後果囉。」

阿聰忿忿不平話：「喂你都識講返工係群體活動，咁最後出嚟成果係唔好，我自己嗰部分做得幾好都無用啦。」我正色道：「咁呢樣就涉及管理問題，你就由啲管理層去煩自己啲人事管理。」

我同阿聰講，如果佢係因為工作上人事有困擾想要改善，就可以試吓我嘅提議，但當然佢亦可以記住我行我素，始終我又唔係佢老細，可能佢真係如佢自己想講能力咁強呢。睇得出阿聰對我

嘅建議其實一啲都聽唔入耳，佢可能心底笑我都係平庸之人，唔會明佢呢種強者嘅孤獨。

適當地有自信

兩個例子都比較極端，但其實又好常見，以小花為例當我問佢覺得自己有咩不足之處，佢可以如數家珍咁講到一大堆缺點，例如做嘢唔夠快。我問佢咁點解佢做嘢會咁慢，佢話因為佢做嘢好小心，慣咗用好長時間去思考點先可以唔出錯。

我同佢講：「咁你唔係無優點或能力有問題喎，你處事起碼認真，只係你喺時間管理方面有改進之處。同你勇於承認自己有好多不足之處，其實都唔易，一個人要向他人承認同面對自己不足，唔止係對人誠實，亦係對自己誠實。」如果佢可以同樣地誠實認識自己優點，再誠實地向佢上司展示，咁樣就會好唔同。

自信心好難憑空出現，更多時係要透過他人嘅認同而建立。如果你不斷被人質疑同打擊，你只會覺得寸步難行，做咩都好似做得唔好。有時他人嘅眼光係好直接好殘酷，特別係當你有事做得唔夠好，他人嘅眼光同態度就會好直接咁話你知，你做得唔好。但他人永遠唔會係最了解你嘅人，佢哋好多時都只係

睇到你某一面。去到最後，最了解你嘅人都係你自己，只係你呢一刻可能仲未夠了解，或者你對自己未夠誠實。

但同樣地，好似阿聰咁自信心太過盛而變得目空一切，亦都係一個大問題。阿聰好誠實，佢好誠實地認為自己真係好叻，所以誠實地表現出佢要插手他人之問題。佢誠實係夠，但不足之處在於未能正確評價自己能力，簡單嚟講係問題在於太有自信。當佢需要無咁自信，好好思考下自己做嘢有無問題時佢又無咁做。佢選擇咗將時間花喺插手他人之事上，而且佢往往選擇用於最粗暴嘅方式上。

如果佢換個方法，唔全盤否定他人能力，而係問吓對方有無地方需要幫忙，咁人哋唔接受時都可以直接拒絕，而唔係好似而家咁強行接受後，大家不歡而散。講到尾大家返工如果係為件事好，其實都唔係仇人，不至於要搞到咁。自信問題好難捉到條最平衡嘅線，因為講到明涉及有幾了解自己，所以都係建議大家多啲同自己對話，認識多啲自己。

過來人警告：唔好貪圖安逸

> 「後生遇到份唔太洗做又高人工嘅工作，通常係陷阱，除非你肯定份工可以做到一世。如果唔係當你習慣咗舒服，又一直缺少學習機會，你唔會進步，而且一有咩事就第一個畀人淘汰。」

朋友G喺大學畢業無耐，就搵到份令人艷羨嘅好工。唔洗點做嘢，薪高糧準，無日返去坐低後就可以玩吓電話睇吓片，返八個鐘內實際工作時間都無兩個鐘。

G當時成日同大家講，佢真係好好彩，呢份工佢會做一世。

有人問G點解唔拎啲時間進修下，G反問：點解要進修，如果我讀書都係打算搵到份好工，但我而家都搵到啦，唔想太辛苦。G嗰幾年無乜危機意識，有人同佢講話呢個世界無

嘢講得埋，應該居安思危。但佢九成覺得人哋唔抵得佢，出於妒忌先潑冷水。

　　我有問過G你仲咁後生，唔係話一定要上進，但係咪應該有兩手準備，幫自己諗定後路。G話：我公司又賺到錢老細又睇我，我拎啲時間專心湊我老細好過啦。呢間公司前景就係我嘅後路，呀唔係，係唯一出路。你放心啦，我同呢間公司會共存亡。G覺得自己係幸運兒，一畢業就搵到份好工可以做一世，好比啲人初戀就搵到一生中最愛可以長相廝守。

世事冇絕對 冇嘢係永不變改

　　但好景不常，人生有好多嘢真係講唔埋。最美好嘅愛情都可能會分手，更何況呢份只係一份工，唔好話打工仔，一間公司上下每一個人，好多時都係人浮於事。因為遇上疫情，呢份本身諗住做一世嘅工，未到半世，只係佢到咗三十有幾就無得撈。

G好徬徨，除咗無咗份好工之外，佢仲突然發覺自己雖然返咗十幾年工，但佢其實唔算有咩工作經驗。佢同fresh grad分別唔大，因為佢fresh grad後就過咗十幾年半退休生活。

G覺得好大鑊，佢好後悔自己無喺呢十幾年增強自己競爭力，佢覺得自己同個世界脫晒節，佢都好擔心日後份工如果真係要成日落手做嘢佢會應付唔嚟。G好語重深詳咁同佢家中有位剛畢業嘅年輕人講：「搵工真係唔好搵啲太舒服，一嚟就沉迷於安逸生活中，你將來會好難適應個社會。」

我有啲前輩，可以一份工由後生做到退休，當然中間有升職，但始終係喺同一間機構內辦事，佢哋以呢種忠心為榮。有時會唔明點解啲後生做唔長成日轉工，我有時會同佢哋解釋，年代唔同，做死一份工唔係咩好事，同埋重要係，無乜邊份工可以保證你做到一世。

新一代多轉工唔係貪新鮮，而係為保持競爭力。點解要保持競爭力？因為世界日新月異，都唔好講咩AI威脅論住，單係你做緊嗰行嘅科技發展，可能幾年內又有唔同。去唔同公司多啲見識，擴大自己圈子，其實有時都唔係話要力求上進，而只係求自己唔好咁快被淘汰。

當你年輕仲有心有力去拚博，但就錯投咗啲好安逸嘅公司時，其實只係削減緊自己競爭力。除非你真係好有心地利用公司畀你嘅空閒去讀多個碩士或學多幾樣技能傍身，如果唔係日日返去打機煲劇上網，其實會令你失去鬥志，養懶咗個人。

唔好再畀藉口自己懶落去

當然而家好多方法可以畀你用喺公司嘅空間時間去學新嘢，或者增長知識。有啲公司好歡迎同事去培訓，仲會畀埋錢你去學習，如果有呢啲機會，一定要把握，用公司錢去增長自己知識同技能簡直係最好嘅員工福利同津貼。

但公司無相關津貼都好，唔緊要，你咪上網自學囉。如果有啲工作真係有空間到畀你有時間去上網學嘢的話，你就記住制定好一個學習目標，用自學去幫自己增加競爭力。

　　一個人嘅鬥志好重要，特別係你未有家庭負擔，你應該為未來博殺時，呢種鬥志更為重要。都唔係要你一定要去啲好高壓嘅工作環境工作，不過就真係要有危機意識。

　　危機意識係，你要諗自己如果十年做呢份工又突然失業時，你到時會有咩處境。又或者短期啲係，如果經濟環境突變，你要再搵過一份新工，你會點做？當你有危機意識，你自然會做好多嘢去準備，你會有鬥志去迫自己做多啲嘢。份工看似幾舒服幾穩定都好，都要有危機意識。

　　居安思危呢四個字好似成日講，但其實真係好有道理。

　　我好明白好多人都唔想生活太劬太辛苦，工作只要夠滿足三餐就算。問題係喺呢個新時代，你要保住份工可以做得長都唔易，唯一方法係不斷增值自己。如前文所講，增值自己有好多方法。但最基本制定好一個學習方法同目標，係最有效幫到你。

　　而且有時增值自己唔知係學習，你仲可以去擴展人脈，我唔完全認同識人好過識字，但我會覺得現代社會識人同識字係同等重要。有時喺公司唔太忙時，咪多啲搵機會認識其他部門嘅人，甚至係其他公司或其他行業嘅人，最起碼你都叫擴闊咗眼光吧。

　　當你拎咗本身可以用嚟增值自己嘅時間去安逸，到你真係要面對現實時你就會好徬徨。做人有時真係需要先苦後甜，喺仲吃得苦嘅時間努力多啲啲，等你將來嘅人生可以舒服多啲啲。

就 當 工 作 如 遊 戲

> 「人生好多困境都好難過，特別當你已經遍體鱗傷，受盡挫折。但當你幻想自己就係遊戲主角，返工係為咗打魔王，你未一次做好一樣嘢都係當增加經驗值，為將來升級做準備，或者就無咁難過。」

我近年迷上咗一樣叫Dungeons and Dragons（龍與地下城，簡稱D&D）嘅玩意，如果你有睇《Stranger Things》同《The Big Bang Theory》等美劇，你可能見過劇中主角玩。

喺五十年前，電視遊戲尚未普及前。有一班人就係靠用紙筆同擲骰，去扮演勇者屠龍。呢類桌上角色扮演遊戲（又稱跑團）時至今日出現咗好多變種，遊戲好講求你用腦去思考同落力去演好你嘅角色，當然啦同你嘅團友溝通都好重要。而當中故事可以有好多變化，有時你哋會奉命調查怪物出沒，

又或者保護行商免受哥布林襲擊。

技術支援等同遊戲法師加Buff

　　早排我有位朋友阿 Sam（化名），佢同我一樣，本身都未接觸開呢類桌上遊戲，但某日大家講起《Stranger Things》，發現大家都有興趣扮演下劍俠同魔法師，就上網搵地方去參與跑團。

　　阿Sam同我一樣，基本上喺E人外表下，都有啲I人特質，要我哋同一班陌生朋友一齊跑團，一齊角色扮演，其實都有啲擔心，但好彩其他人對我哋兩個假E人十分友善，令到我哋都可以享受到遊戲。但喺某一次遊戲中，阿Sam發現自己唔夠勇往直前，畏首畏尾咁，佢玩到有啲唔開心。

　　我同阿Sam講：「玩遊戲投入係好事，但以頭先情況計，我又覺得問題不大，只係你玩法傾向保守。」阿Sam搖搖頭話：

「唔止玩遊戲，我諗起我平時返工都畀上司鬧過我畏首畏尾，做事唔夠果斷。」

之後我就開始同Sam傾下佢返工問題，佢平時好少向我講呢類話題，因此我都用心去聽。Sam同我講，佢平時返工其實同玩D&D有啲相似，佢一直都好想發揮到自己角色定位，將自己長處盡展。

佢形容自己喺公司就如一個法師，喺背後運籌帷握，制定計劃，再用自己擅長嘅魔法去支援大家咁。喺呢個時候我聞住阿Sam，問清楚佢口中嘅魔法即係咩，斷估佢喺現實中都唔識得呼風喚雨。

阿Sam笑一笑話：「我本身係程式員出身，我覺得自己寫code都算係一種魔法咁。」

阿Sam繼續講，最大問題係佢同班同事唔算太夾，明明一班sales同事站喺前線對客人，就如一班戰士要上前殺敵，但佢哋就成日一有事就推佢呢個法師出去受死。

仲有一啲同事係弓箭手嚟，射擊十分精準，不過係對住其他同事背後放冷箭。

總之整個團隊每次未去到魔王城門前，已經成班自亂陣腳，甚或開始內鬥，永遠都係一盤散沙咁。當阿Sam被老細鬧畏首畏尾時，佢好想反駁老細唔係佢太多顧慮，而係實際上，身邊每一個隊友都要顧慮。

所以阿Sam同我玩D&D嘅時光，係佢每月最開心最無憂慮，就算只係遊戲中嘅隊友，佢都可以放心交自己後背畀呢班人，因為佢知道呢班隊友唔會背刺佢。

佢亦唔需要太擔心隊友會之後會向上司講佢壞話，因為遊戲中大家都係平等，無上司下屬，有嘅只係唔同職業技能，大家需要取長補短，先可以打贏魔王拯救世界。阿Sam每次都會同我講，如果現實返工有咁單純就好，大家知道各自職業有咩用，好好地各司其職。

我同阿Sam講，其實我都好珍惜同佢玩D&D嘅時光，因為我同佢無共事過。但單純透過遊戲去了解呢個人嘅處事方式，我會覺得阿Sam係一個睇嘢好全面，做事好深思熟慮嘅人。

佢每行一步棋，都會諗會唔會令同伴陷入危險，角色扮演中佢每講一句嘢都有諗過其他人感受。同佢一齊玩遊戲好舒服，感覺我可以信任呢個人。阿Sam聽到我講後有啲眼濕濕，佢同我講：「如果現實中我上司我同事明我係一個點嘅人就好。」

　　我同阿Sam講，先唔好提老細點睇，但現實中同事同遊戲中隊友一樣，好多時你都要花時間去溝通。

　　當然現實唔同係，大家好多利益衝突，好多人都係會諗如何自保先，因為行錯一步棋就會影響自己仕途。喺利益之前，人就難免自私，但我阿Sam講，當你遇到可以信任嘅隊友，記住落力拉佢入隊。

　　我叫阿Sam仔細諗吓，佢身邊除咗有專放冷箭嘅弓箭手外，仲有無啲得閒會幫佢同大家補下血嘅補師，又或者偶爾會配合佢攻勢，喺客戶同同事間平衡利益同周旋嘅遊俠。

　　阿Sam諗一諗好答我：「其實都有，不過我同佢哋本身唔太熟，我又I人底，但為件事好，我將來會用自己假E人一面去多啲聯絡佢哋。」

當工作難題如打機過關

　　我認為阿Sam同好多打工仔一樣，都會喺工作上遇到「卡關」情況，一直都受困於障礙，就好似喺一個無出口嘅迷宮中，要邊避開隊友放陷阱，邊掙扎求存。返工同打機一樣，大家都係求升級。當你做咗十年法師，你都想升級做高級法師。

　　所以你努力儲經驗值，你想積聚功積，助你升級過關。你最想得到嘅寶物，就係加人工。

　　見過一個外國網民話，佢本身好討厭返工，佢覺得好悶好重覆，一直都提唔起勁去工作。直到有日佢將返工當係打機，佢覺得上司每日畀佢嘅工作清單，就係一個任務。當佢順利完成任務後，佢會適當獎勵自己，由於有呢個動力後，佢就覺得自己只係每日打機通關，而唔係做緊好辛苦嘅事。

偶爾工作上有人讚佢，佢就會當係遊戲角色給予佢肯定，佢相信佢只要受到夠多肯定，有人終會升級。佢喺呢個過程中，又成功畀佢算良好紀錄受到賞識。當然我唔敢話人人努力工作上一定會受到賞識，但我都覺得呢位網民算係成功將自己唔鍾意做嘅事，轉化成一樣樂趣。有了樂趣，日子就無咁難過，而且你仲會搵到多啲推動力。

所以當你有時返工好辛苦，或好似阿Sam一樣未搵到好隊友，唔緊要。你暫時當住自己係單打緊嘅勇者，因為你係救世英雄，所以你會受到好多苦難。但就係因為你有能力所以先被委以重任。

努力返工嘅人都係勇者，試吓每日返工前同自己講聲：我係勇者，我需要出發去拯救世界啦。

如果一首歌 可修補傷口的一角

HUMAN
OBSERVATION

CHAPTER 05

試吓多啲了解你父母

「對大部分人嚟講，我哋一生最親近嘅兩個人，但大部分人對於自己父母喺生我哋之前嘅人生都係一片空白，完全唔知道。作為最親近嘅人，我哋應該趁仲有機會時，多啲了解佢哋。」

朋友L一直都覺得自己父母好平凡，阿爸係普通打工仔，阿媽係主婦，兩個人嘅社交圈子都好細，阿爸日日放工就返屋企睇電視，阿媽就除咗打理屋企就偶爾同啲街坊飲吓茶。朋友覺得自己父母都係稱職嘅家長，同兩個好普通嘅人。

流於表面嘅交流

L同父母關係好但唔算太親密，大家甚少會傾偈，喺求學時期父母問最多就係佢嘅成績，到出嚟做嘢就會問佢返工返得順唔順利，除此之外佢同父母好少會交心地傾談。L對父母無乜投訴，而佢都深信自己喺父母眼中就算未係驕傲，但至少都無令佢哋太擔心過。

　　父母同L之間永遠好似有道牆隔住咁，每當L同父母分享自己一啲生活問題。父母總係會叫L努力讀好啲書呀，努力工作呀，咁你就會生活無憂呢類行貨對答作回應。L唔明，點解就連佢同父母講佢返工返得唔開心，父母都可以叫佢再努力啲作回應。究竟係父母聽唔明佢嘅憂慮呀，定係父母永遠都係得一個預設答案。自此L就決定只對父母報喜不報憂。

　　但佢一直就係唔明白，點解佢同父母相處好似咁表面，大家硬係好似無乜實在交流過咁。有日佢趁屋企做節，佢父母飲咗啲酒，佢問咗父母一個問題：「點解你哋好似好少提你哋生我前嘅生活，又好少見到你哋同舊朋友聚舊咁？」父母無出聲，L見氣氛尷尬，就講起佢早排睇咗套戲係講九龍城寨，佢覺得舊時嘅人同物都好有趣。父母聽到之後就一齊答：「舊時嘅事我哋都唔太記得啦，不過呢啲品流複雜地方有咩好講呀，唔好問咁多啦。」正當L想再詔追問落去，佢想知父母以前有無去過九龍城寨呀，又或者父母當年鍾意去邊消遣時，父母都係面有難色咁。

　　佢爸爸聽到一堆問題眼神有啲動搖，但就選擇沉默地繼續

飲酒；而佢媽媽就深深咁吸咗一口氣，之後借機話入廚房斟杯水而行開，呢個問題令當時歡樂嘅氣氛瞬間凝結。朋友一剎那好質疑自己係咪問錯問題，點解父母好似咁尷尬。

意外得知父母嘅過去

過咗一陣，佢媽媽行返出嚟，同朋友講：「因為喺未生你前，我哋都放縱過自己，我哋都唔係好嘅仔女，我哋好擔心自己做唔到好父母，無能力好好咁教你。我哋喺生咗你之後，下定決心同過去嘅自己斷絕，我哋唔再見舊朋友，我哋決心改變生活模式，我哋自問唔識教女，唯一可以做嘅就係將你當成我哋生活嘅中心，將所有時間畀晒你。」

L聽完好錯愕，亦激動到雙眼通紅，佢無諗過父母嘅一切改變，都係為咗佢。佢爸爸呢個時候亦都加入話：「你由細到大都咁聰明，我哋都無嘢要擔心。我哋講唔上識得教女，自己做人又唔算係本事，我哋唯一係叫做腳踏實地努力做人。所以我哋一直教你要努力做人，做好每一件事。因為呢個係我哋唯一認識嘅生存之道。不過你咁叻女讀咁多書，都唔洗阿爸阿媽多講。

　　我哋以前唯一擔心係你有日發現父母曾經咁無用，我哋唔想你行我哋行過嘅舊路，亦都覺得自己無乜本事教你咩，唯有講少啲囉，好彩你自己本事，無要我哋擔心過。」

　　父母一直唔多講，係因為既然已選擇將過去總總埋於心底，自然唔想多提去影響到 L 嘅成長。父母唯一寄望就係 L 活得比自己更好，既然自己剩係識得努力做人，就時刻提點住 L 都要努力做人。呢個唔係父母唔想多談其他事，而係佢哋想將認知中最美好嘅品德灌輸畀 L。

　　而 L 嗰刻先知，爸爸一直無乜點同佢講太深入嘅話題，係怕自己多口透露太多嘢，透露咗一啲佢哋唔太想講太多嘅過去。呢一種父母嘅焦慮同溫柔，一直默默地保護住 L，當 L 明白父母用心良苦，發覺自己係喺雙親小心翼翼地照顧下成長，佢有啲慚愧，覺得自己一直無用心理解父母苦心。

　　L 選擇唔深究，佢無問落去，佢覺得既然父母唔想佢知，咁佢都唔會問，而且亦都唔重要，因為佢知道佢父母係最好嘅父母，係永遠將佢放喺第一位嘅父母。

你可能自問對父母好了解，但好多時都係對你出生後，同你實際相處多年嘅父母了解。但佢哋喺未生你，仲未有父母呢個身份之前，佢哋都係人哋仔女，佢哋都曾經係初出茅廬嘅年輕人，佢哋都經歷過唔同嘅成長困惑，仲可能有好多意想不到嘅高跌起跌。父母嘅過去未必有咩驚天動地大事，但最少就構成咗佢哋現時嘅人格。

舊時理論套落而家環境

有朋友話佢一直好唔明點解佢阿媽好緊張佢識男朋友，到佢廿到尾都仲想限制佢出夜街時間。

佢哋為咗呢件事鬧過好多次交，直到佢深入了解佢母親呢個想法係點嚟。原來佢媽媽呢種觀念，係源自佢阿婆阿公，佢哋向佢媽媽一路灌輸女仔應該從一而終，唔應該同唔同男人有關係，因為咁係好羞家同失禮。朋友當然唔理解亦唔認同啦，佢覺得自己明明清清白白，只係想出吓夜街見吓朋友，點解要畀佢母親鬧先。佢只係抗拒，佢唔想理解，佢覺得阿媽就係無理取鬧。

直至有次佢從其他親戚口中了解到媽媽嘅過去，了解到媽媽係

受住咩觀念影響下成長，佢先有更新體會。

　　自小受住呢啲教育嘅媽媽，就自然地用返呢一套對付我朋友，因為佢根本唔知道仲有其他咩方法去教女，唔知道呢個年代嘅人已經唔再接受呢一套。媽媽畀固有觀念困住，佢無諗過去理解呢個世代嘅人係點。佢只係守住自己父母從小灌輸嘅觀念，或許少女時期嘅佢同樣諗過反抗，亦試過失敗。一直反抗又一直失敗下，就令佢自己都對呢套觀念深信不移。到自己做人阿媽時，咪沿用返呢一套囉。

　　佢哋兩母女嘅衝突係源於大家一直唔了解對方，而當朋友明白母親曾經長期接受過呢種價值觀教育後，佢無再嬲媽媽，佢哋溝通由只係得鬧交，變成嘗試開心見誠咁表達大家嘅諗法。朋友嘗試帶一套新嘅思考方式畀媽媽，當然唔會一步就改變到對方諗法，但起碼都係一個好開始。

「父母」如「朋友」的相處模式

　　好多時親子溝通問題，最主要都係源於大家都唔理解大家，畢竟大家都係兩代人，立場觀點又唔同，佢哋作為父母嘅考慮同

我哋又有唔同，有爭拗同磨擦都係好正常。

但當大家了解大家多咗，就有望減少到磨擦。你好難要求你父母完全明白你，正如你都唔會完全明白到你父母。唔好講同父母呀，有時你見到細自己一輩嘅人，佢哋嘅觀念同行為都未必同你相似，你都未必可完全了解及認同。其實你只要將心比己，就會明白有時你父母唔係針對你嘅行為，而係佢根本對你整個世代有啲觀念不能了解。不過，我依然仍為有啲嘢係盡做，你盡量畀父母了解你，亦都盡量去了解佢哋。

當然，了解你父母，除咗係為鬧少啲嘅交，作為仔女都算係應份。特別係如果你父母對於有盡責，對於養你育你嘅人，佢哋前半生係點，你都應該多啲關心。最怕係有一日你父母已經唔喺度時，你就算想知道都應該問唔到，就算喺其他親戚口中聽到父母以前係點，都不及當事人親自講畀你知。

初老徵兆——「想當年」

成日見到啲上咗年紀嘅人好鍾意「想當年」，係因為每次講及以前，就好似行返入記憶嘅花園咁。

每朵花都係佢哋某段歷史，每段歷史都同樣珍貴，係佢哋作為人類嘅存在證明。你父母喺你細個嗰陣，未必會願意帶你走入呢個花園，因為佢哋覺得你仲細，驚好多嘢你都唔明白。但到你都長大成人，佢哋就會更放心同你分享佢哋以前係點。你平時識新朋友聽佢哋提及往事都會十分有興趣，因為就係往事先會構成眼前呢個人，你會明白眼前呢個人今日點解會變成咁。

就好似近排電影九龍城寨咁，唔計入面虛構情節。但本身你行經九龍城廣場時，都無諗過以前有個城寨起喺附近。你父母嘅過去就好似九龍城寨咁，曾經確實存在過，當中有好多精彩故事。只係隨住時間過去無乜人再提，但當你用心發掘時，可能精彩到可以拍到套戲出嚟。

雖然你對咗你父母好多年，但不妨就當佢哋係新朋友，當嗰對喺你出生前嘅父母係陌生人，好好咁了解佢哋嘅過去，好好咁問吓佢哋以前係諗咩。

獨　生　嘅　焦　慮

> 「作為獨生子女，細個總會經歷過一段唔識同人相處嘅日子，有兄弟姊妹嘅朋友會同你講：你就好啦無人同你爭嘢，但其實你都想有人同你爭下嘢互動下，只係你無咁嘅機會。」

我係獨生子，講唔上萬千寵愛在一身，但起碼我都知道父母係將佢哋所有愛投放晒喺我身上。由細到大，見住其他親戚會因為兄弟姊妹間爭廁所，爭瞓下格床，爭寵等，我都唔理解，但可能係多少帶點羨慕。

可以雙打係好玩啲嘅

因為有時見佢哋喺屋企打機可以雙打，我就自己一個打，多少有點悶。當然後來發展到可以上網同人打機，我就無再羨慕人哋喺屋企可以雙打，亦都好慶幸夜晚我唔需要排隊去沖涼。但亦因

為咁，我喺缺乏同兄弟妹妹爭嘢呀衝突呀，又或者相親相愛傾心事，我基本上係唔太識與同齡人相處。

作為獨生子，我曾經經歷過一段長時間係唔識同同年齡人相處，有一段時間我無乜朋友，大概係喺中學時期。我係其他人眼中嘅怪人，我缺乏咗一啲同年紀相仿嘅人嘅相處技巧，同我無理會過當中嘅宜忌。

而家回頭一看，我當時行為係幾令人尷尬，當我正值中二病病發時，成日會唔睇場合講啲令人尷尬嘅事。例如一班同學去食飯時，我會問對方一啲好幼稚嘅問題，例如有次食快餐時，我不斷追問對方點解食包唔食生菜，就算對方點樣打發我我都會追問。用返而家嘅人成日講嘅名詞，呢個行為大概可以稱為「Kam」。

去到某一刻，當我累積到足夠嘅錯誤時，我就可以從錯誤中學習，雖然已經撞過好多次板，但起碼我都叫學習到。但見

到當時有另一個都係獨生子嘅同學C，佢同我嘅學習曲線唔一樣，佢可能喺家中慣在係小霸王，佢慣在父母家傭都就晒佢，佢理解唔到點解其他同學唔會同樣地讓佢同就佢。

從小霸王到普通人嘅改變

當有爭端時，佢往往都會用最差嘅方法解決，就係發脾氣要人就佢。

當唔如願時，C就會發更大嘅脾氣。最初都有人同佢親近，但當C不斷發脾氣時，就會令本身親近嘅人都趕走埋。

C忍唔住問都係無乜朋友嘅我：「點解我明明唔同你，我份人有趣咁多，最後會搞到同你一樣都係無乜朋友？」佢呢番說話依然係要高高在上角度問我。

喺佢心底佢覺得我們不一樣，只係佢無其他人問到，唯有紆尊

降貴走嚟問我，不過佢想我搞清楚，雖然一樣無朋友，但佢依然喺食物鏈中位置較高。我對C無提問無乜興趣，因為雖然同樣地不受歡迎，亦唔代表我會鍾意佢。佢唔想同我做朋友，我亦一樣唔想同佢做朋友，我一樣覺得佢啲無理取鬧好煩。

　　我好記得我當時答C：「我如果知就有朋友啦，不過我覺得我自己係好過你，因為我無朋友都唔會煩人，我只係自己放學走去圖書館睇書，我唔會勉強同人交朋友。但你唔同，你無朋友係怪責人。」我哋兩個無朋友嘅人，無因為大家都無朋友而走埋一齊。

　　係直到大家長大後，喺舊同學聚會再聚，大家經過歲月洗禮後已經唔同晒，聽C講佢上到大學後痛定思痛，改掉臭脾氣。佢話喺大學見過咁多叻人後，佢終於明白自己唔係咩特別存在，佢都只係一個普通人，我聽到都好高興。畢竟人人都會成長，C一定係喺經歷過無數次失敗，先跨過喺社交上嘅不同障礙，對於佢嘅成長同進步，我打從心底替佢高興。

不過作為同樣係獨生子，C再次問我一個問題：「我哋都無兄弟姊妹，你會唔會覺得屋企有咩事要獨力承擔好辛苦？會唔會成日因為父母健康而焦慮。」今次我對佢呢個問題就深有同感，的確我成日都會諗，如果父母有一日離開，原生家庭中就會剩返我一個，最親血脈相連嘅家人就會無晒。一諗到呢度我就會好焦慮，而對方應該都從我眼神中睇到我嘅焦慮，佢無講咩，只係拍一拍我膊頭。我同C喺中學時無共鳴，我對佢處境無同感，但十多二十年後，我哋終於喺呢刻成為知己。

曲線嘅社交學習之路

　　有兄弟姊妹嘅人，喺成長中會經歷過爭嘢玩呀，鬧交呀，但就喺呢啲互動中大家會加深感情，呢啲經歷會成為將來佢哋同自己下一代笑談嘅回憶。

　　當然，亦有更多兄弟姊妹感情唔好，甚至不少人會因財失義，反目成仇。兄弟姊妹呢種存在本身就好玄妙，你哋由出身開

始就認識，無得選擇，你哋嘅成長過程註定要一齊經歷，不論好與壞。可能你哋曾經日日鬧交當食飯，會為咗邊個去廁所先嘈到面紅耳赤各不相讓。但當屋企有事發生，你起碼都知自己唔係孤軍作戰。當然，呢個情況只適用於長大後互相照應嘅兄弟姊妹，為錢財反目嘅一樣大有人在。

　　而作為獨生子女，我哋一樣無得選擇，我哋要孤身面對成長，當然我哋仲有父母，亦可能識到朋友，但兄弟姊妹呢樣存在同朋友係唔同，如果好彩，你哋感情深厚嘅話，你哋一生人都會互相扶持，密不可分。但如果唔好彩，你就會多咗個終生嘅麻煩。而我就唔洗揀。有啲人好好彩，就算無兄弟姊妹都好，都會同表親或堂親感情深厚，但亦有啲人除咗父母外，基本上唔會同其他親人來往。

　　作為獨生子女，我好羨慕感情好嘅兄弟姊妹，每次見到啲兄友弟恭嘅朋友，都會忍唔住感嘆手足之情真係美好。但如果見有啲

人當兄弟姊妹係仇人咁，我亦會好唔開心，會覺得點解你哋有都唔識珍惜呢。當然呢啲都係我作為無兄弟姊妹嘅人嘅感想，係因為我無緣經歷呢種手足之情，所以先會份外多幻想。自問自己有時都係個麻煩人，有時會幻想如果我有兄弟姊妹，佢可能會由細到大都頂我唔順，又或者我頂佢唔順，大家只係時刻想搬離家庭唔洗再對住咁。

朋友成日舉例同我講：「當你試過喺腸胃炎時仲要同屋企人爭廁所用，你就唔會羨慕㗎啦。」呢方面我都幾理解，特別係香港居住環境咁擠迫，大家好易因為爭取空間而鬧交。剩係家中如果得一間房，大家因邊個存放物品較多呢樣嘢都有排鬧交啦。

但作為獨生子，我可以同大家講，獨生子嘅焦慮係好實在。例如當你父母都老去時，你一個人要獨力照顧兩人，係比有其他兄弟姊妹分擔更吃力。剩係畀家用你都忍唔住要畀多啲，就算兩老同你講唔洗咁多，你好多時都會盡力畀最好給父母。

唔係話有兄弟姊妹嘅人就唔會畀多家用，但起碼好多開支佢哋有機會可以攤分。

　　舉個簡單例子，當佢哋有啲醫療開支時，你都係要獨力去負擔。而呢種情況又會因應不同人有不同經濟狀況而有不同，對於普通打工仔嚟講，呢種壓力係更實在。

獨自承擔家庭重擔

　　除咗金錢外，仲有時間同精神，就算你好樂意盡孝照顧屋企人，但現實環境都會令你好劫。好彩嘅，你搵到一個終身伴侶會同你分擔，你可能無咁辛苦，但照顧父母畢竟都係自己責任，你係唔應該寄望有其他人會代勞。

　　例如陪父母去旅行，相信大家都知好多問題要考慮。最近睇到有位女歌手分享自己帶父母旅行，佢精心地安排好多事畀父母體驗，我好佩服佢有呢個心力去安排。因為當我諗到自己一個安排帶父

母去旅行，我都無信心會令佢哋有個咁滿意同開心嘅旅程。

我哋近年成日談及照顧者嘅身心健康，因為呢種壓力係確實喺我哋社會上存在。獨生子女嘅焦慮，唔係無原因。

另一種焦慮就係孤獨，一種當你父母離開後，你又如果無子女，當你發現無晒血親時，呢一種孤獨對部分人係好難受，好悲傷。可能有啲人仲有其他親戚朋友，又或者有另一半。但如果無呢？有啲人可能無咁多朋友，同親戚關係疏離，又無搵到另一半。當血親都離開後，就可能舉目無親。再講結咗婚都可能會離婚，親朋都可能會反目。呢一種孤獨嘅焦慮係好實在。

但你又知道，呢一日終究都係會來臨，只係遲早。

有啲人會選擇避談，拖延要面對嘅時間。但大家心底都明白，生老病死係一種不能逆轉嘅必然過程。你可能會話，人出身於世上

本來就係孤獨，道理我懂，但到真係要接受呢種孤獨於世嘅感覺，又唔係易事。舉目無親，天大地大間好似剩下自己一人，相信大家都未必想面對。早排喺一個展覽中，遇到個熱心主辦者努力同其他人解釋生死問題，希望令到大家唔好太懼怕死亡。但其實對好多人嚟講，相比於懼怕自己死亡，佢可能仲害怕至親死亡。

獨生子女生來就有種焦慮，對社交嘅焦慮，對孤獨嘅焦慮，形成咗我哋某啲人會對朋友好好，因為我哋寄望朋友可以成為代替兄弟姊妹嘅存在。我哋有啲人會當朋友係血親咁看待，希望對方同樣將自己視為至親。我都相信呢個世上有好多友情關係，係不輸於血濃於水。

我哋對友情寄予厚望，希望有日友情會頂替到親情，但友情同親情始終係兩樣嘢，究竟係咪真係會頂替到，甚至更好？我都唔敢下定論，但人類好多時都係希望搵到某啲關係填補內心空缺。希望大家不論喺咩關係中，都搵到令自己心靈滿足嘅綠洲。

同父母關係講緣份，唔係你錯

「同父母關係親密係一種幸運，未必人人都有幸可以同父母好親。但如果你不幸地同屋企人關係唔好，記住先唔好怪責自己，問題未必出於你身上。」

　　每年父親節，朋友K都會打趣道話：「你哋屋企食飯介唔介意加雙筷呀，畀我體驗下食父親節飯係點嘅一回事呀？」佢講得輕鬆搞笑，但我哋通常都唔敢陪笑，因為背後係一個悲傷故事。佢唔係父親節想慳啲而想痴朋友食，又或者貪其他人屋企好餸啲。佢只係好耐都無試過同父親過父親節。

　　K爸爸唔算咩成功人士，K媽媽鍾意用三更窮五更富形容佢。佢其實一直都唔知佢爸爸係做咩職業，但聽聞佢爸爸都曾經生活無憂。K有時講笑話，細個有問過媽媽，佢爸爸係咪蜘蛛俠，點解做咩都要咁神秘。佢好記得媽媽只係好落寞咁講咗句：「到你大啲就明架啦。」而K自言去到而家三十歲，佢都唔算太明。

K爸爸認為自己人生曾經有一個污點，就係喺廿幾歲之時，同一個自己唔太鍾意，佢自覺配佢唔起嘅女人生咗一個小朋友。K爸爸本身唔特別鍾意小朋友，本身都諗住既然有咗咪生出嚟，反正自己養得起。但養得起係講緊你有足夠金錢供書教學，甚至畀小朋友有一個相對較舒適嘅環境下生活。但付出金錢只係育兒中嘅其中一小部份。

但當佢發現原來養育一個小朋友唔係只要用錢就解決到，仲有好多佢眼中嘅瑣碎無聊事要應付時，佢就開始對成為人父呢件事好反感。佢寧願將所有責任都交畀嗰個佢唔太鍾意嘅女人，自己就專心搵錢算。佢開始將呢對母子安置喺另一間小單位，等佢哋遠離自己嘅日常生活，絕大部分時間佢都只會經濟上負責任，到佢興之所至時，先會偶爾現身。

同單親家庭冇分別

K回憶道，佢直到小學時，先知原來大多數家人都會一齊住。佢曾經以為所有人都同佢一樣好少會見到爸爸，以為爸爸同聖誕老人差唔多，只會喺佢表現得好時，先會見到佢有禮物收。

平時其他節日，父親多數都會缺席或者出現得一陣。有次K
講起，有年佢生日時，朋友夾份請佢睇心儀歌手演唱會。佢好
感觸咁話：「我生日睇到幾個鐘嘅偶像表演，仲多過我爸咁多
年加埋同我過生日嘅時間。」

　　佢話好記得細個有一次病咗要入醫院，爸爸都全程無出現過，
只係由佢媽媽獨力照顧佢。佢當時雖然細個，但都好記得佢媽媽
含住淚咁自言自語道：「我都唔係好辛苦，起碼仲有得帶個仔去
住私院呀。」K長大後回憶返，先明白當時佢媽媽嘅無奈同辛酸。
媽媽覺得個仔有得住私院，即係起碼個爸爸有盡咗最基本嘅責任，
佢都唔算係獨力承受。但實際上，個爸爸除咗畀錢外基本上係不
聞不問，K媽媽當然明白，只係佢唔想面對同接受。

　　而逐漸長大時，K先發覺自己仲有其他兄弟姊妹，爸爸仲
有其他家庭，不過佢同呢啲家人從來都無見過面。而佢聽返
嚟係，其實爸爸對所有仔女都一視同仁，所有人都好少見面。
佢雖然無問過媽媽，但其實都心知肚明，佢成日想像如果
有日見到呢啲同父異母嘅兄弟姊妹會點，究竟會係多咗家

庭溫暖，定一嚟就爭家產。而現實係，佢同呢堆兄弟姊妹都只係有幾面之緣。

到大學畢業時，佢好想父母可以一齊參加佢畢業禮，佢鼓起勇氣聯絡佢爸爸，但得到嘅答覆係爸爸唔得閒，但願意送一份大禮物畀佢。K唯一想要嘅畢業禮物其實只係一家人影張畢業相，因為得唔到，佢人生第一次向佢爸爸發脾氣，但換嚟只係冷冷一句：「你咁大個人唔該你好好控制下自己情緒。」之後佢同爸爸就再無聯絡。

對父親期望同現實嘅落差

又過咗一排，佢從媽媽口中聽到爸爸經濟狀況轉差嘅嘅消息，佢好想聯絡佢爸爸，因為對佢嚟講錢唔重要，佢已經有能力自立，佢只係擔心佢爸爸安危。但佢媽媽同佢講：「唔需要擔心你爸爸啦，佢唔會想你關心佢，正如佢都唔太關心你咁，隨緣，唔好打擾佢吧。」K當然明白，佢爸爸咁要面，當然唔想喺自己處於低谷時，要啲仔女去關心自己。但喺K心目中，佢爸爸點都叫供書教學，令佢童年時衣食無憂。而且嗰個講到尾都

係佢爸爸，但媽媽就再三堅持叫佢唔好打擾爸爸。

　　K好心酸，但佢自問唔太熟悉佢爸爸，起碼佢認為佢媽媽應該比佢熟悉啲。因為講到尾，佢都係一年見幾次爸爸，大家都無傾過太深入嘅偈。K同我講佢懷疑佢對樓下茶餐廳老細嘅了解，比對自己爸爸嘅了解更為深入。

　　佢之前每年大時大節都會傳訊息畀佢爸爸，等永遠都只會換嚟冷待。佢一直都會諗，係咪當日佢發脾氣激嬲佢爸爸？但抑或佢爸爸喺經濟轉差後唔想再面對仔女？呢個問題一直糾結住佢，直到佢有日準備求婚，佢對佢父親交代，點知對方只係講明佢未必會出現，亦唔好旨意佢會有錢送到大份賀禮。K有諗過寫一堆粗口回敬，不過冷靜過後，佢都決定乜都唔講，佢只係覺得呢段父子關係好悲哀。佢真心唔明點解父親連佢嘅人生大事都唔願意參與。

　　朋友好難過，佢喊住問佢媽媽自己係咪做錯啲咩，點解佢爸爸咁唔鍾意佢。

　　佢媽媽只係好平靜咁話：「唔係我哋做錯，只係你爸爸根本由頭到尾都唔想做人爸爸，佢無特別唔鍾意你，佢只係唔關心你，正如佢亦都唔會關心其他仔女。你哋雖然有血緣關係，但從此之外就無關係。所以你都唔好太難過。」K聽完媽媽講後，有啲不忿，但佢更明白媽媽其實咁多年嚟已經好努力咁想填補埋爸爸遺留嘅空缺。所以佢認為只要有媽媽錫佢佢就夠，父愛佢亦唔會再強求。

　　K同媽媽一路都相依為命，雖然佢仲係好難過，但佢知佢媽媽心底比佢仲難過，為免媽媽自責，K自此無再提。只係每年父親節，佢都會用一種自嘲態度同我哋講：「父親節飯不如預埋我。」我哋知道喺佢笑容背後，係埋藏住一對永不癒合嘅創傷。

生仔真係要考牌

　　一個唔想做人父母嘅人，如果意外有小朋友後，會唔會立刻轉變，變成有責任嘅家長？答案肯定係唔會，因為由唔鍾意負責任到變得有承擔，係一個成長同變好嘅過程，呢個過程需要付出去實行。見坊間有位前男星生咗幾個小朋友，但都

係唔太鍾意搵工做。而佢另一半就成日責罵佢唔負責任，但又繼續同呢個唔負責任嘅人生小朋友。但其實佢係唔會因為生多幾個變得負責，講到尾都係要自己肯付出。

雖然有唔少人都係喺有小朋友後作出重大轉變，變成稱職家長，但唔係全部人都一定會有呢個轉變。部分人就算有小朋友後，佢哋依然唔享受呢個身份，對佢哋嚟講，只係多咗一個負擔，令佢哋諗起就劫。佢哋以前生活喺一個只對自己負責嘅狀態，做咩都可以以自己為先。但當發現有小朋友後，好多行動同決定都要考慮埋小朋友，呢個轉變有啲人係要用好耐時間先接受。

但係小朋友永遠都係無辜的，因為佢哋出世係非自願，無人叫你生佢的。對你嚟講佢可能係一場打亂你人生嘅意外，而對佢嚟講你就係賦予佢人生嘅人，佢無要求過要出世的。就算你有幾唔鍾意，幾唔想負責任都好，你都唔應該有選擇，因為你無畀過唔出世嘅選擇佢。但因為你係大人，只要你狠下心腸選擇喺佢人生缺席，佢就會即時成為單親家庭長大嘅小孩。

重覆上一代嘅悲劇循環

以我朋友為例，佢會同我哋講佢想像到有日就算同佢父親當面對質，都只會換來對方一句：「我供書教學養到你咁大，我都未要你向我講多謝，你仲嚟怪我唔負責任？」喺佢父親角度，生完你有養你咪盡責囉，大把人生完就走啦，佢肯付出金錢已經係做好咗。如果仔女仲覺得有欠奉，就係仔女唔心足。

佢深信佢父親唔會理解佢嬲啲咩，都叫豐衣足食下長大啦，仲學人講咩欠缺父愛。但父愛母愛真係唔係可以用金錢就可以替代，每個人一出世最親近嘅就係雙親，我哋最先接觸到嘅愛，就係父愛母愛。如果缺失咗一樣，都會好影響每個人成長。呢樣嘢你好難從其他地方填補，朋友嘅愛情侶間嘅愛都唔同父愛母愛。當你喺缺失下成長，難免會影響你日後嘅價值觀。

有啲人會重覆上代缺失，成為另一個不負責任家長，因為有樣學樣，製造另一個悲劇；而有啲人就會擔心自己成為另一個不負責任家長，而逃避成家有下一代。一個不負責任嘅家長，可能無意中製造咗幾代人嘅悲劇。呢類人會好多時都有個

177

恐懼，佢哋害怕自己有日會成為自己最唔想成為嘅人。所以佢哋會寧願唔生下一代。

　　當然，都見過有啲人本身好唔想做父母，意外有咗小朋友都仲係十五十六，仲係感覺唔到自己有咩改變，直到喺產房見到子女出世一刻，人生就有咗好大改變，開始學習點為人父母。呢個係一個好結局，不罕見但非必然。講到明，呢個世界上好多嘢都要靠自己行前一步去改變，而如果你拒絕行呢一步，係唔會因為你身份有變就性格同時變好。

　　對於嗰啲唔願意負責任嘅父母，呢個或者係你個人對人身自由嘅選擇，但希望你明白，你子女由出生一刻開始就無唔出世呢個選擇，佢哋對父母願唔願意愛自己都無選擇。選擇權完全喺你身上，希望你會為咗呢個同你血脈相連嘅人嘅終生福祉，好好地作出一個選擇。唔好去到某日關係無從修補之時，先嚟後悔。

親 戚 間 言 攻 略 法

> 「大時大節大家怕見到親戚，係因為唔想要喺咁短時間中，一一交代晒自己人生計劃、之後仲要即時接受質詢，如果對方係善意關心還好，但有時只係出於八卦，或只係想拎你同自己子女作比較去搵優越感。」

相信大家都好怕喺大時大節同家人聚會時，受到親戚唔友善嘅質問。大佬又話嚟食飯見下面，點知變咗受審咁，好多時都唔知點答先好。好好地食餐飯咪算囉，其實好多事你知咗答案又點，又唔會令到彼此更親近更融洽。明明親戚聚餐應該係增進感情好機會，反而變成大家面阻阻咁。

記得有一年我有位朋友F喺拜年時，同親戚差啲反目，源於對方每年都會問佢一句：「你今年有無加人工呀？又無得升職呀？」

暗自比較 由細問到大

　　朋友深信親戚對佢人工同職位嘅執著，係源於細個嗰陣，佢同親戚同齡嘅仔女係讀同一間學校，朋友F當時成績比較好少少，但其實都真係差唔遠。F本人好少會炫耀自己成績，佢亦好少會主動提及，唯獨係呢位親戚真係見親佢都會問一次，比任何人更關心佢成績。F笑言有諗過帶埋過親戚去家長日拎成績表，等佢唔使再每次都問。

　　朋友F本人對成績從未上心，佢父母都無上心，佢哋唔會炫耀，因為又未好到足以光宗耀祖無乜好講。但喺親戚眼中，呢個些微嘅差距，就好似眼中釘，肉中刺咁。每次一出成績表，親戚都會即時打去問朋友佢考成點，每年知道答案後，親戚都會嬲幾日，而佢仔女都會受罪。親戚每次都會質問仔女點解又考得唔好，點解又輸畀F。佢嘅仔女好無奈，因為成績又未差到入唔到大學，只係好唔過F，但點解阿媽就年年都咁緊張要捉住呢點鬧佢哋。

　　直到成長後，佢仔女都喺事業上有唔錯發展，而朋友F就無

佢哋有咁好發展，親戚終於嚐到勝利嘅味道。其實F本身都無將自己事業發展同他人作比較，反正做人都係向自己交代。而世界上總有好多人發展好過自己，只係爭在你識唔識佢，如果要一一作比較，做人都好累。

以前每年拜年，當佢講及仔女同朋友嘅成績時，佢都係處於敗者一方；但到而家一講起一眾後生嘅事業發展時，佢就站於勝利者視角。所以佢真係每年一入到屋，第一句就會問朋友F：「你今年有無加人工呀？又無得升職呀？」極盡挑釁。

忍唔住要爆Seed

到有一年朋友F終於忍唔住答佢：「我搵幾多其實都唔太關你事吧。」親戚即時氣高趾揚，嘲笑到：「係咪問中你痛處呀，搵得少咪努力啲囉，細個讀書就話可以靠小聰明過到骨，而家出嚟做嘢就講實力㗎啦，好似我仔女咁……」F真心唔明，大家無仇無怨，但點解對方要一直針對佢。F細心回想自己過去嘅人生中，有無曾經出言不遜得罪對方，但又真係無，佢自問都算係一個尊重長輩嘅人。不過佢覺

得真係忍咗太多年，只要對方一再踩佢，佢都唔介意尊重少一次長輩，將多年屈結一次過回應。

　　親戚仔女由細到大都無意同朋友F表較，大家一場表親其實都係想你好我好，佢哋當然即時阻止阿媽講落去，想出嚟打圓場。但由細到大佢哋每次想阻止阿媽講呢個話題時，其實都無一次成功。今次亦都唔例外，當佢哋媽媽沉浸喺勝利嘅喜悅時，只有越講越起勁。

　　而親戚見到仔女反應竟然想阻止佢講，佢咁就更氣上心頭，繼續講落去：「以前啲老師真係唔識教㗎，唔太努力溫書貼中題就考得高分，努力上堂溫習反而仲低分，唔怪得咁多高分低能啦，尊重長輩都唔識。」F聽到呢句說話時，佢真係忍唔住，親戚唔止侮辱佢，仲侮辱埋佢嘅所有恩師。F深深地吸一口氣，確認自己真係唔想再忍後，佢就開始回敬對方。

　　朋友F終於忍唔住講：「長輩係要尊重，不過首先佢都要識尊重自己先，大家一場親戚我敬你係長輩先忍到而家咋，我考

182

幾多分關你鬼事，我搵幾多關你鬼事，你唔需要再問落去，我唔會再答你，你唔鍾意可以走呀。」場面即時尷尬，親戚被朋友F一輪反唇相譏後，嬲到滿面通紅，仲紅過封利市。親戚無諗過佢等待多年嘅勝利時刻，竟然無人吶喊助威之餘，仲遭對方反駁。佢由於無諗過F會還擊，佢無諗過點樣拗落去，就唯有亂鬧亂講一通去情緒性發洩。好好地一場拜年，就搞到唇槍舌劍。

其他人見狀即時拉開兩人，大家都估唔到未到初三已經赤口。朋友F事後問返我哋，佢咁樣發脾氣有無錯？我答佢，錯就錯在你喺未拎到利市前已經發火，蝕咗。

唔洗怕醜 大膽反問

喺過去嘅新年中，我都會出post同大家以幽默方式去拆解啲難答親戚問題，例如當被長輩催婚時，你可以反問佢係咪會包你十圍八圍酒席。當被問及點解幾時生小朋友時，你又可以反問佢會唔會幫手供書教學。通常一講到錢，大家都會知難而退。要知道好多長輩其實都係搵啲嘢講吓，佢哋未必知

呢啲話題會令你煩厭，甚至觸到你痛處。所以講啲對方一定唔會做嘅事去打發，令對方知難而退係最好。

其實又唔可以怪責所有長輩，因為有部分長輩係真心關心你，只係佢哋無乜私隱嘅慨念，唔識分有咩應該問有咩可以唔問，對於呢條邊界掌握得唔夠好，但佢哋都係出於關心。佢哋嘅認知中，人去到差唔多年紀要成家立室，佢哋視為係必然過程，而當佢哋覺得你去到咁某個年紀都未進行呢個過程，佢哋就會問。佢哋自覺都係想你好，只係佢哋唔明其實可以唔結婚唔生仔都活得開心。

亦有啲長輩只係無乜嘢好同你講，大家無乜共同話題，問呢啲問題只係開場白，同問你食咗飯未係差唔多。佢都唔期望喺你口中聽到咩完整詳細答案，就算你敷衍亂答啲嘢佢都唔會放喺心，因為佢問嗰陣都同樣無放過喺心。所以有時答到埞，其實你亂答一啲嘢，求其界啲嘢佢哋袋住走就ok。就好似見到小朋友你會派糖派零食，啲零食唔一定要好高質；見到長輩你可以派啲答案界佢哋，答案都唔一定要好高質。

但有啲長輩係單純出於八卦，明明唔關佢事，佢都會問到好深入。而你嘅答案將會成為佢同其他親戚嚟緊一年飲茶食飯嘅話題，所以你係無得敷衍亂答，佢會有好多後續問題。例如你答佢就結婚，佢會問落去，例如就結婚即係幾時？會擺幾多圍？喺酒樓定酒店搞？你要記住，其實佢哋都係志在問，志在大家有啲嘢講吓，等自己無咁悶。

我成日話大家如果想體驗明星平時畀記者問到口啞啞嘅體驗，呢啲時候你就可以體現到。呢種八卦雖然係幾煩，但都未去到最討厭。

以為真係關心你過得有幾好？

最討厭嘅質問，係帶有惡意或帶有質疑，先講前者，就好似我朋友嘅事例，可能對方係出於妒忌或睇唔起，佢期望從你口中答案滿足到佢對你嘅不滿。我個人嚟講，就好鍾意亂講一通，講到有咁誇得咁誇張，一次過滿足晒佢哋，令佢哋唔好再煩我。如果善意地答啲模稜兩可答案，當係派畀長輩嘅糖，我覺得我呢個行為係派啲勁甜但其實唔好食嘅糖。

所以呢啲時候，其實你答佢你幾好，佢都會不斷問落去直到問到你有衰嘢為止；而如果你過得唔好，佢就會喜獲新年禮物咁，可能會虛偽地扮同情你，但嘴角笑容難掩，又或者直頭唔扮嘢直接幸災樂禍，總之就係要令到你難堪。對於呢種惡意，其實真係唔需要太客氣對應，反正你點答佢都唔會恭賀你。人必自重而後人重之，佢都唔尊重佢，你都唔需要太尊重佢。你可以學我咁亂答一通，又或者你唔鍾意亂答，你選擇去直斥對方，喝令佢唔好再問落去，其實都係一樣，反正你點做佢都唔會想見到你好。

　　另一種質疑，係因為你同佢價值觀唔同，所以佢覺得有必要為你嘅人生方向同選擇作出教育，拜年可能成為一場事業指導，或婚姻輔導。總之你嘅人生選擇就係有辱門楣，佢作為你長輩要好好咁教訓下你。佢覺得自己有責任去教好你，就算你係成年人都好，只要一日你係後輩佢係長輩，佢都要講到你明講到你服為止。

　　呢樣又唔同出於妒忌嘅惡意，而係單純強迫你接受佢嗰套價值觀，佢又唔算係出於惡意，喺佢心目中除咗係想你服從

186

佢之餘，多少都係覺得為緊你好。但為你好真係唔係大晒，每個成年人都有自己一套人生方向，唔需要旁人太多指點。再加上佢嘅價值觀又唔一定係啱，所以遇到呢類教書時間，你可以選擇唔聽，甚至走堂，搵機會借故行開算。

　你話大是大非就梗係要作出指點姐，但當涉及到一啲人生問題時，其實大家都唔會說服到大家。所以拜年時間應係歡聚，而非強加自己意見於其他人身上。講到尾，拜年最好就係大家開開心心食餐飯咪算，無嘢講其實一齊望住電話電視，都好過強行搵啲嘢去講。

　既然現代人每年都難得聚首一堂時，大家嘅光陰真係唔應該浪費喺呢啲爭拗到。其實無嘢好講可以講少兩句，反正大家見到對方安好就夠，對啲一年先見一次嘅人，喺講到無嘢好講時，一齊各自玩電話食完餐飯都無所謂，都好過赤口收場。

好年華
Good Time

沾史人類觀察 HUMAN OBSERVATION

作　　者／沾史

文字編輯／A.W.

版面設計／Alien in the wonderland

國際書號／978-988-70542-3-8

初　　版／二〇二四年七月

加　　印／二〇二四年八月

定　　價／港幣一百三十八元正

出　　版／好年華 Good Time

電郵：goodtimehnw@gmail.com

IG：goodtimehnw

Facebook：goodtimehnw

出　　版／泛華發行代理有限公司

電話：(852) 2798 2220

傳真：(852) 3181 3973

地址：香港新界將軍澳工業邨駿昌街七號星島新聞集團大廈

版權所有，翻印必究（香港出版）

作者已盡一切可能確保所刊載的資料正確及時。資料只供參考
用途，讀者也有責任在使用時進一步查證。對於任何資料因錯
誤或由此引致的損失，作者和出版社均不會承擔任何責任。
本書編輯已致力查證本書所刊載圖片之版權持有人，如有遺漏，
敬希通知出版者，以便更正。本書內容純屬學術討論，旨在引發讀
者多角度思考，絕無意圖煽動他人對政府或其他社群產生憎恨、
不滿或敵意。一切意見謹代表作者立場，與本公司無關。